Thomas Klie
Johann-Christoph Student

Sterben in Würde

W0236027

Thomas Klie
Johann-Christoph Student

Sterben in Würde

Auswege aus dem Dilemma Sterbehilfe

HERDER

FREIBURG · BASEL · WIEN

© Verlag Herder GmbH, Freiburg im Breisgau 2007
Alle Rechte vorbehalten
www.herder.de

Umschlagkonzeption und -gestaltung:
Groothius, Lohfert, Consorten I glcons.de
Umschlagmotiv: © Ullstein-Joker/ Stein

Satz: Rudolf Kempf, Emmendingen
Herstellung: fgb · freiburger graphische betriebe 2007
www.fgb.de

Gedruckt auf umweltfreundlichem,
chlorfrei gebleichtem Papier
Printed in Germany

ISBN: 978-3-451-29657-4

Inhaltsverzeichnis

1. Einleitung – Der schmale Grat

Darf Schiavo sterben? In den letzten Jahren hatte die Öffentlichkeit immer wieder die Gelegenheit, das Schicksal von Wachkoma-Patienten zu verfolgen. Die einen ringen um ihr Leben und die anderen darum, dass sie sterben dürfen. An ihnen entzündet sich die Diskussion um die Sterbehilfe.

Wir möchten dieses Buch über die Sterbehilfe mit einer anderen Geschichte, mit einem anderen Schicksal beginnen[1]: Die Vorstellung von einem Leben mit Demenz*[2] ist für viele unerträglich – „So möchte ich nicht enden". Auch die Bilder schlecht geführter Alten- und Pflegeheime und entsprechende Skandalmeldungen machen Menschen Angst. Wir möchten nicht sinnlos leiden und Objekte der Medizin werden. Darum beschäftigen wir uns mit Patientenverfügungen*, darum führen wir die Diskussionen um die Zulässigkeit von Sterbehilfe, aber auch um menschenwürdige Bedingungen in Medizin und Pflege. Unsere Geschichte führt uns in einen der ein Million Haushalte in Deutschland, in denen Menschen mit Demenz leben. Über sie möchten wir ins Gespräch kommen und so das Anliegen dieses Buches erläutern.

---

[1] Die Fallbeispiele wurden innerhalb von Abschlussarbeiten im Kontaktstudiengang Palliative Care an der Elisabeth-Kübler-Ross-Akademie für Bildung und Forschung im Hospiz Stuttgart erstellt, sowie aus dem Bericht von Simone Fischle-Brendel, Hedda Hölz, Heike Linder, Dorothee Nittka, Adelheid Reimann, Margret Wenger, Christoph Student (verantwortlich) (2005): Zwei Jahre Ambulante Hospizschwestern im HOSPIZ STUTTGART 2003-2004. Ein Rechenschaftsbericht. Stuttgart.

[2] Mit einem * gekennzeichnete Wörter finden sich als Begriffsdefinition im Glossar wieder.

Im mittelhessischen Ort Schöffengrund ist eine 51-jährige pflegebedürftige und bettlägerige Frau an Mangelernährung verstorben, wie es die richterlich angeordnete Obduktion ergab. Der Ehemann (52), der sie mit Unterstützung einer polnischen Haushaltshilfe (42), seiner jetzigen Geliebten, betreute, wurde in Untersuchungshaft genommen, da davon ausgegangen wird, beide hätten die Ehefrau verhungern lassen. Ermittelt wird wegen des Verdachts der unterlassenen Hilfeleistung und der Tötung durch Unterlassung.

Die seit 2002 an Alzheimer* Erkrankte hatte bei noch vollem Bewusstsein 2004 eine Patientenverfügung unterzeichnet, in der sie festlegte, dass sie nicht künstlich am Leben erhalten werden möchte. Bereits ihre eigene Mutter und ihr Onkel sind an der gleichen Erkrankung verstorben.

Der Ehemann beruft sich auf die Patientenverfügung seiner Ehefrau. Er habe sich an den dort niedergelegten Willen gehalten. Eine hausärztliche Begleitung der an Alzheimer Erkrankten bestand bis drei Wochen vor dem Tod.[3]

An diesem Fall berührt besonders die Einsamkeit und Verlassenheit des Mannes, der hier entschieden hat, und vermutlich auch seine Hilflosigkeit, denn dass er seine Frau möglicherweise bereits im Vorfeld vernachlässigt hat, hat offenbar niemanden zu einem Gespräch aufgefordert. Auch die Hausärztin, die zu Besuchen ins Haus gekommen ist, hat wenig an Orientierung vermitteln können.

Es wäre in dieser Situation zunächst einmal wichtig gewesen, die Einsamkeit und Hilflosigkeit des Ehepaares zu reduzieren, ihnen vielleicht auch Verantwortung abzunehmen und die Überforderung, die den Ehemann eventuell

---

[3] Der Fall beruht auf einer Darstellung der Frankfurter Rundschau vom 08.09.2007, Rippegather, J. (2007)

stark belastet hat, zu verringern. Man hätte den Ehemann zum Erzählen auffordern sollen, ihn dazu ermutigen können, seine Befürchtungen, Hoffnungen, Wünsche und Ängste zum Ausdruck zu bringen. So hätte man auch erfahren, warum er seine Ehefrau nicht weiter ernähren wollte. Möglicherweise steht hinter dem Ganzen nur eine tiefe Unwissenheit und Hilflosigkeit gegenüber der Frage: Was mache ich, wenn meine Frau nicht mehr isst? Möglicherweise hat der Ehemann nur in Betracht gezogen, ihr entweder nichts mehr zu essen zu geben und sie dadurch verhungern zu lassen oder aber sie gegen ihren Willen zwangsweise zu ernähren. Zwischen diesen beiden Polen gibt es aber eine Fülle von Lösungen, z. B. eine Form von Nahrung anzubieten, die für sie akzeptabel gewesen wäre und die bei ihr den Spaß und die Lust zu essen angeregt hätte. Ob dies in diesem Fall möglich gewesen wäre, ist natürlich reine Spekulation. Der Ehemann hätte so auf jeden Fall mehr Unterstützung erfahren, denn offensichtlich hat er das Thema mit keinem Außenstehenden vertieft besprechen können – auch nicht mit der Hausärztin, was eigentlich nahe liegt. Unter Umständen wäre das Ergebnis am Schluss dasselbe gewesen, nicht aber der Weg dorthin. Vielleicht ist das sogar das Entscheidende.

Der Ehemann hat zwar keine fachliche Unterstützung erhalten und diese vielleicht auch nicht eingeholt, aber er hat, wie viele andere in Deutschland, Hilfe geholt – eine polnische Haushälterin, die ihm schließlich emotionale Unterstützung gab und ihm darüber nahe kam. Diese Liebesbeziehung ist in gewissem Sinne sogar nachvollziehbar, denn schließlich befand sich der Mann in der Extremsituation eines doppelten Abschieds von seiner langjährigen Partnerin. Doppelt insofern, als die Ehefrau durch ihre Alzheimer-Erkrankung eine ganz andere geworden ist oder auf dem Weg war, eine andere zu werden und ihrem Willen folgend tatsächlich dabei war, aus dem Leben zu gehen.

Es ist nicht auszuschließen, dass der Ehemann sich in seiner neuen Beziehung zu der polnischen Haushaltshilfe zufrieden gefühlt hat und dort alles an Emotionalität erhalten hat, was er für die Bewältigung seines eigenen Lebens benötigte. Dagegen wäre nichts einzuwenden und vielleicht hat dadurch seine emotionale Tragfähigkeit nicht mehr ausgereicht, um zusätzlich noch für seine Ehefrau da zu sein. An dieser Stelle entsteht das Dilemma, bei dem für ihn ebenfalls keine Zwischenlösung ersichtlich war: Ich möchte mein Leben zufrieden leben, aber zusammen mit meiner Ehefrau ist dies nicht möglich. Für Menschen, die sehr zurückgezogen und isoliert leben, ist das eine typische Situation. Alternativen kommen ihnen nicht in den Sinn und da sie zu keiner beratenden Instanz Zugang oder Kontakt haben, können sie ihnen auch nicht angeboten werden.

Theoretisch hätte es durchaus sein können, dass ihm die neue Beziehung die Kraft für die Bewältigung der alten, „vergangenen" Beziehung gibt. Das lässt sich nicht erzwingen, es kann glücken, aber es muss nicht und ist vielleicht sehr stark abhängig von der Frage, wie sehr sich der Ehemann die neue Beziehung auch ohne Schuldgefühle erlauben durfte und konnte. Je größer das Schuldgefühl, aus sich selbst oder durch andere motiviert, umso unwahrscheinlicher ist es, dass die Beziehung und die Betreuung der Ehefrau aufrecht erhalten wird.

Zu der schwierigen Ausgangssituation hinzu kam die möglicherweise einsam gefällte Entscheidung der Ehefrau, in einer Patientenverfügung klar festzulegen, nicht künstlich ernährt werden zu wollen, nicht das Schicksal der Demenz ertragen zu wollen. Patientenverfügungen sind verbindlich und insofern hat der Ehemann richtig gehandelt, als er dem Willen seiner Frau folgte. Doch gerade diese Geschichte macht deutlich, dass es mit dem „Willen" eine schwierige Sache sein kann. Da die Frau bereits seit zwei Jahren an Alzheimer erkrankt war, als sie die Patientenverfügung unterschrieb, stellt sich die Frage, inwieweit sie in ihrem Willen frei war. Die Krankheit mag ihre Urteilskraft nicht unerheblich eingeschränkt haben. Durch das Schicksal in ihrer Familie hatte sie die Symptome und Folgen der Alzheimerschen Erkrankung bereits kennen gelernt. Wir wissen nicht, unter welchen Umständen ihre an Alzheimer erkrankten Angehörigen gestorben sind, doch vielleicht geschah dies unter schwierigen oder sogar schrecklichen Bedingungen, so dass die Frau eventuell keine andere Lösung sah. Vor diesem Hintergrund erscheint es nur verständlich, dass sie dieses Leben und Sterben möglichst verkürzen wollte. Gleichzeitig stellt sich die Frage, was nötig gewesen wäre, um ihr zu ersparen, wovor sie sich so fürchtete. Denn es hätte auch Alternativen zu einem schnellen Tod gegeben – Rahmenbedingungen, unter denen sie sich wohl gefühlt hätte. Vielleicht hätte man diese Rahmenbedingungen nicht zu Hause, sondern an einem anderen Ort, mit einer anderen personellen Ausstattung umsetzen müssen. Ob das jemals mit ihr und ihrem Ehemann diskutiert worden ist, wissen wir nicht.

Doch nun musste die Justiz den Fall klären. Das ist einerseits gut, denn Recht vermag Orientierung zu vermitteln, Werthaltungen zu transportieren und vor allem auch Verfahren anzubieten, in denen wir eine von allen getragene Entscheidung fällen können. Das sind Entscheidungen, die wir nicht alleine treffen sollten oder bei denen die Gefahr besteht, dass sie unreflektiert und aus Motiven heraus erfolgen, die wir nicht akzeptieren können: Mitleid, ökonomische Interessen oder Überforderung.

Vor der Entscheidung, die Frau nicht mehr zu ernähren

und ihrer Umsetzung hätte man von juristischer Seite die Frage gestellt, ob es Anzeichen dafür gibt, dass die Frau vielleicht doch am Leben bleiben will und sich nicht mehr an die Patientenverfügung binden möchte. Man hätte nach einer ausreichend fachlichen Begleitung gefragt und auf eine gemeinsame Entscheidungsfindung hingewirkt. In diesem Fall waren die drei Personen allein auf sich gestellt. Die Konstellation gibt Stoff für Spekulationen.

In Schöffengrund war die Justiz hinterher aufgerufen zu urteilen. Der Ehemann saß in Untersuchungshaft und alle Schuldgefühle wurden noch einmal öffentlich inszeniert und sanktioniert. Dabei schien die gesamte Fürsorgeverantwortung ihm allein aufgebürdet, ihm, der überfordert war von der Situation. Aus rechtlicher Perspektive gesehen war das Verhalten der Justiz korrekt: Es bestand der dringende Verdacht, dass der Ehemann seine Frau durch Vernachlässigung zu Tode gebracht hat. Geholfen hat ihm schließlich die Patientenverfügung seiner Frau, von der wir nicht wissen, unter welchen Bedingungen sie unterzeichnet wurde. Die unterstellte autonome Entscheidung der Ehefrau, nicht mehr am Leben zu bleiben, nicht mehr ernährt zu werden, aus Angst vor unwürdigen und leidvollen Erfahrungen am Lebensende, rechtfertigte – juristisch – das Verhalten, respektive das Unterlassen des Ehemanns, so die Justiz. Das rechtliche Instrument der Patientenverfügung hat in diesem Fall dazu geführt, dass der Ehemann straflos ausging, nicht aber sichergestellt und dazu beigetragen, dass fachlich richtig gehandelt und menschlich geholfen wurde.

Das Lebensende der erkrankten Frau hätte anders verlaufen können, etwa wenn die Patientenverfügung den verbindlichen Anlass dazu gegeben hätte, dass sich Hausarzt, Pflegekraft und andere Angehörige gemeinsam auf eine von allen getragene Entscheidung, aber vor allem um eine menschenwürdige Begleitungssituation verständigt hätten. Davon lenkt die Diskussion um die Patientenverfügung häufig ab. Patientenverfügungen werden oft einsam ohne Beratung erstellt und dann, wie es der Fall deutlich zeigt, einsam „exekutiert".

Der Schlüsselbegriff ist vielleicht die *unterlassene Hilfeleistung*. Doch wer unterlässt an welcher Stelle welche Hilfe? Dies einseitig in Richtung Ehemann aufzulösen, muss bei ihm und vielleicht auch bei vielen, die dies hören, Abwehr auslösen. Und die Frage ist, ob nicht jede Form von einsam erstellter Patientenverfügung wie auch die Diskussion um die aktive Sterbehilfe, die Unterlassung von Hilfeleistungen fördert. Gerade die Diskussion um die aktive Sterbehilfe suggeriert, dass hier einfache Lösungsmöglichkeiten bereit liegen. Dies birgt die Gefahr, alternative Hilfeleistungen, Fantasie und natürlich auch die Kommunikation, den Kontakt und die Nähe zu anderen zu unterbinden. Wenn gefordert wird, die aktive Sterbehilfe immer dann anzuwenden, wenn sonst nichts mehr greift, macht das genau dieses Risikopotenzial deutlich: Denn in der Vermutung, dass nichts mehr geht, liegt eine Relativierung, die im Fall der aktiven Sterbehilfe gerade keinen Raum mehr findet. Ausweglos erscheinende Situationen lösen häufig emotionale und auch intellektuelle Starre aus. Worauf es eigentlich ankommt ist, diese Starre aufzulösen – und alles was aus dieser Starre hilft, ist ein Weg nach vorn und auch ein Weg zu mehr Menschlichkeit.

Was aber ist mit all denen, die keinen nahen Menschen um sich haben, die Angst vor Schmerzen haben, die möglicherweise wirklich unzureichend versorgt sind oder dies befürchten müssen? Was ist mit denen, die anderen nicht zur Last fallen wollen, aber eigentlich wissen, dass sie eine Last sein werden, wenn sie schwer an Alzheimer erkrankt sind oder an einem apallischen Syndrom* leiden? Diese Befürchtungen lassen sich nicht wegretuschieren und auch Palliative

Care* kann das Lebensende nicht romantisch einfärben. Worauf es jedoch ankommen sollte ist, die Unterstützungsangebote auszuweiten und deutlich zu machen, dass es nicht nur um die Bekämpfung von Schmerzen und anderen Beschwerden geht. Für die Menschen ist es wichtig, sich in eine Gemeinschaft eingebettet zu fühlen, die fürsorglich für sie da ist. Aber das ist genau die Hoffnung, die heute für viele Menschen nicht mehr möglich oder unerreichbar erscheint und es vermutlich auch ist. Es sei denn, wir schaffen es, eine breite Bewegung in Gang zu bringen, die auch Menschen in emotionaler und körperlicher Not das Angebot der Gemeinschaft vermittelt und sie nicht nur zu Objekten von Fürsorge macht, sondern sie als Subjekte ernst nimmt. Das bedeutet, dass sie nicht nur als Hilfebedürftige wahrgenommen werden, sondern als Menschen, die auch uns etwas zu bieten haben. Dazu gehört aber unsere Bereitschaft und Fähigkeit, das mögliche Angebot schwer kranker und sterbender Menschen wahr- und anzunehmen. Die Betonung einer palliativen Kultur stellt gerade nicht den Einzelnen und seine Autonomie in Frage und opfert Selbstbestimmung und Autonomie nicht einem neuen Paternalismus. Wir haben uns stets in Beziehung zum Einzelnen zu setzen und mit ihm auszuhandeln, was für ihn der richtige Weg ist. Und das, was er sagt, ist von größter Bedeutung. Auch die Entscheidung, nicht mehr leben zu wollen, ist zu respektieren. Wir müssen aber wissen, dass das, was wir sagen, in hohem Maße davon abhängt, in welchen Situationen und wem gegenüber wir uns äußern und mit welchen Ängsten und Hoffnungen wir dies tun. In einer pessimistischen Weltsicht, in einer angstvollen Perspektive auf das Lebensende entscheiden wir anders, als wenn wir uns mitgetragen wissen – von Fachleuten, von nahe stehenden Menschen und von einer Gesellschaft, die nach Wegen sucht, allen Menschen mit Respekt zu begegnen. Unsere Zeit verlangt in neuer Weise danach, eine palliative Kultur, eine Kultur der Fürsorglichkeit zu entwickeln. Es ist ein interessanter Widerspruch, dass in einer Zeit, in der für viele Menschen, sei es nun für sie selbst oder für nahe Angehörige, das Thema Abhängigkeit wichtiger wird, die Autonomie besonders akzentuiert wird.

Dort wo das Thema Abhängigkeit auf der Agenda unserer Gesellschaft steht, diskutieren wir vornehmlich über Selbstbestimmung und ihre Sicherung. Dass Menschen in dem, was sie sagen, ernst genommen werden, dass ihre Selbstbestimmung einen hohen Wert in unserer Rechtskultur darstellt, das ist eine Errungenschaft, die sich vor allem in Interaktion zu bewähren hat, in dem Respekt vor dem Einzelnen und seiner gesamten Person, in dem, was ihm wichtig ist, in dem, was er sagt und was er will. Doch eine Verrechtlichung und Versachlichung von existenziellen Fragen des Lebens steht in der Gefahr, das aus dem Blick zu verlieren, was wir als gesellschaftliche und kulturelle Herausforderung anzunehmen haben. Trägt die Konzentration auf juristische Fragen der Sterbehilfe möglicherweise zu einer kollektiven Vernachlässigung des Fürsorgeaspekts bei? Aus der Hirnforschung kennen wir das Phänomen der „lateralen Hemmung". Damit ist gemeint, dass, sobald wir ein bestimmtes Gedankenfeld aktivieren, assoziativ nahe liegende andere Gedankenfelder ausgeschaltet werden. Für ein geordnetes Denkvermögen mag das durchaus Sinn machen. Für den Umgang mit existentiellen Fragen, wie die Unterstützung am Lebensende, ist diese laterale Hemmung außerordentlich problematisch. Sie bedeutet nämlich, dass wir etwa im Hinstarren auf juristisch geprägte Lösungsmöglichkeiten nahe liegende Alternativen völlig aus dem Blick verlieren, so als wären sie nicht existent.

Rechtliche Lösungsstrategien am Lebensende haben ihren Sinn. Dem Menschen als Ganzen werden sie aber nur gerecht, wenn sie alternative Lösungsmöglichkeiten ständig mitdenken und einschließen. Die Unfähigkeit, in diesem Sinne kreativ zu sein, gemeinsam andere Lösungen zu suchen, neue Beziehungen zu stiften für Menschen, die isoliert leben, mündet in individueller Hoffnungslosigkeit und einer kollektiven Forderung, dem eigenen Leben ein bewusstes Ende setzen zu dürfen – mit juristischem Segen und gesellschaftlicher Assistenz. Die mangelnde Fähigkeit der Gesellschaft, mit dem Thema Tod und Sterben auf menschliche Weise umzugehen, ist auch Ursache für die immer wieder berichteten Tötungen in Kliniken und Heimen, in denen Pflegekräfte, aber auch Ärzte aus „Mitleid" töten und so ihre Machtposition ausnutzen.

Ein seltsamer Widerspruch: Zwar wird in der Sterbehilfediskussion immer wieder die Selbstbestimmung betont, doch tatsächlich läuft sie auf eine stellvertretende Entscheidung über das Leben anderer hinaus. Die Akzentuierung von Autonomie und Selbstbestimmung und die Reduzierung der Würde eines Menschen auf diese Aspekte menschlicher Anthropologie lenken davon ab. Bedeutende Persönlichkeiten, sei es Seneca, Sigmund Freud oder Walter Jens, werden oft als Heroen der Selbstbestimmung am Lebensende zitiert. Es sind Menschen, die für sich in Anspruch nehmen, auf der Bühne der Öffentlichkeit auch ihr Lebensende inszenieren zu können. Sicherlich sind sie beeindruckende Figuren, jedoch nicht in jeder Hinsicht leitbildtauglich in einer Zeit, in der die Fürsorglichkeit zu einer zentralen Herausforderung wird: Pflegebedürftigkeit, Behinderung und Demenz sind ein alltägliches Phänomen in unserer Nachbarschaft.

Wir möchten in diesem Buch dazu einladen, sich dem Thema Sterben und Tod und den mit der Sterbehilfe verbundenen Fragen offen zu nähern. Wir möchten die Bedeutung der Sterbehilfediskussion in unserer Zeit reflektieren und anhand von Geschichten anschaulich machen. Es sind keine Geschichten von Leben und Sterben ohne Leiden und es sind keine Geschichten von Unsterblichkeit, aber es sind Beispiele, die zeigen, wie ein Zusammenwirken von Angehörigen, Fachleuten, ehrenamtlichen Engagierten, aber auch von der Politik, gelingen kann. Der Fokus ist nicht mehr „der schmale juristische Grat", wie in dem eingangs dargestellten Fall des Ehepaares, auf dem wir uns bewegen: Es geht darum, den Willen des Einzelnen zu beachten oder das Leben zu erhalten.

Wenn wir Sterbende begleiten, soll kein Urteil am Ende eines Sterbeprozesses stehen: Du hast recht gehandelt oder unrecht. Wenn es notwenig ist, die Justiz einzuschalten, dann hat meist schon die Kommunikation zwischen den Beteiligten nicht gut funktioniert. Ziel muss das verbindende Bemühen sein, Menschen in ihrer letzten Lebensphase gerecht geworden zu sein – fachlich, rechtlich, menschlich – und in Beziehung zu ihnen gestanden zu haben.

2. Das Thema Sterben – in unserer Zeit

Das Thema Sterben und Tod ist kein Tabuthema mehr, wie es der bekannte Soziologe Philippe Ariès[4] noch als Befund der 80er Jahre herausstellte. Heute gilt dies nicht mehr: 13 Millionen Einträge bei Google für das Wort Sterben, 840.000 für das Stichwort Sterbehilfe.[5] Das Thema Sterben ist „aktuell". Der Nationale Ethikrat hat es sich zu einem zentralen Thema gemacht, der Deutsche Bundestag diskutierte ernsthaft und ohne jeden Fraktionszwang über die Reichweite von Patientenverfügungen. In vielen europäischen Ländern beschäftigen Einzelfälle die Öffentlichkeit und ziehen sie in ihren Bann: Menschen dürfen nicht sterben oder ihren Weg „selbstbestimmten" Sterbens durchsetzen. Sei es Piergiorgio Welby, der Italiener, der seit seinem 18. Lebensjahr an Muskeldystrophie litt, der Franzose Vincent Humbert, der gelähmt und blind im Jahre 2002 um Sterbehilfe bat oder Ramón Sampedro, der Spanier, der 30 Jahre lang mit einem hohen Querschnitt vom Hals abwärts gelähmt war und mit seiner Geschichte die Grundlage für den Film „Das Meer in mir" gab. Viele reden mit beim Thema Sterben und Sterbehilfe, eine neue „Geschwätzigkeit des Todes" in unserer Zeit?[6] Wie aber über das Sterben reden? Wir kennen die eigentümliche Verlegenheit der Lebenden in der Gegenwart eines Sterbenden, von der auch Norbert Elias

---

[4] Ariés, Ph. (1980)
[5] Im Vergleich hierzu waren es im Jahre 2003 noch 700.000 Ergebnisse für den Suchbegriff Sterben und 50.000 zu der Thematik Sterbehilfe
[6] Nassehi, A. (2004b)

spricht.[7] Konventionelle Redewendungen werden schal, anerkannte und glaubwürdige Rede- und Verhaltensweisen werden zur Aufgabe des Einzelnen, in einer Zeit, in der Kirchen und Glaubensgemeinschaften nicht mehr allen zugänglich und ihre Sprache und Rituale nicht mehr überall tragen. So erklärt sich auch die große Nachfrage nach interreligiöser Orientierung, nach anderen Ritualen, wenn es um die Kunst des Sterbens und der Sterbebegleitung geht.

All die Gedankenlosen, die nicht sorgen,
Zu welcher Zeit des Todes Boten kommen,
Müssen in niederer Verkörperung
Lange die Qual der Leiden fühlen.
Die jedoch gut und heilig sind,
Betragen sich nicht gedankenlos,
Wenn des Todes Boten erscheinen,
Beachten, was die Hohe Lehre sagt,
Und sehn, erschreckt, in der Verhaftung
Die ew'ge Quelle von Geburt und Tod.
Sicher und glücklich ruhen sie.
Entlassen aus der flutenden Schau,
Entbunden aller Sünd' und Furcht;
Sie sind nun alles Elends bloß.
Tibetanisches Totenbuch um 750 n. Chr.
„Des Todes Boten"[8]

Je sprachloser wir dem Sterbenden gegenüber werden, umso streitbarer werden die Dispute um die Sterbehilfe geführt, über das Für und Wider. Auch das ist ein Zeichen unserer Zeit: Wir nähern uns versachlicht und verrechtlicht dem Thema Sterben. Wir reden über das Sterben ohne den Tod. Nicht,

---

[7] Elias, N. (2002)
[8] Waller, F. (2006)

dass uns allen die Angst vor dem Tod abhanden gekommen ist. Es ist aber nicht mehr der „Sensenmann", es ist nicht mehr das „Fegefeuer" oder das „Jüngste Gericht", das unser Reden über das Sterben, den Tod und seinen Sinn kennzeichnet. Das Sterben ist in den Mittelpunkt gerückt, es stellt sich vor den Tod.

Was macht das Sterben so „aktuell"? Fünf Merkmale scheinen uns bedeutsam für das Reden über das Sterben heute:

1. Einfluss hat der demografische Wandel und die alternde Gesellschaft:

    Wir leben länger, wir richten uns auf ein längeres Leben ein und rechnen nicht mit unserem Tod als allgegenwärtigen Begleiter. Anders als in den 80er Jahren sind wir – oder leben wir aber mit immer mehr älteren Menschen zusammen. Das macht auch das Thema Sterben und Tod in anderer Weise zu einem alltäglicheren. Viele von uns haben bereits ältere Menschen bis zu ihrem Tod begleitet, Menschen mit Pflegebedarf, häufig über Jahre hinweg.

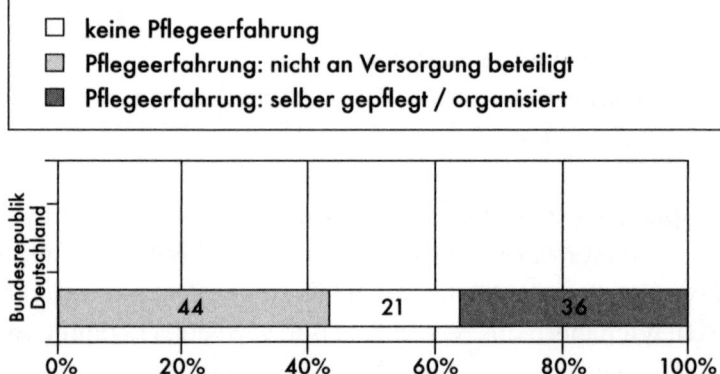

Abb. 1: Blinkert, B./ Klie, Th. (2006): Pflegekulturelle Orientierungen, Pflegeerfahrungen der über 40-Jährigen

Weit über 50 Prozent der über 40-Jährigen in Deutschland haben im engeren Familienkreis einen Pflegebedürftigen versorgt und begleitet.[9] Da gewinnt das Thema Sterben – wann fängt das Sterben eigentlich an? – in Familien und für Einzelne biografisch an Bedeutung und ist mit Erfahrungen und Auseinandersetzungen verbunden.

2. Wir leben in Europa in einer vergleichsweise sicheren Gesellschaft. Es herrschen weder Krieg noch offene Gewalt. Wir dürfen auf eine hoch entwickelte Medizin rechnen. Sie hilft das Lebensende hinauszuschieben und sie kann uns Schmerzen nehmen. Wir können vorsorglich auf unser Lebensende schauen und uns bei aller Ungewissheit mit den Fragen auseinandersetzen, wie wir denn sterben werden und „wollen". Das ist historisch betrachtet neu. Diese in die Zukunft gerichtete Auseinandersetzung mit dem Thema Sterben führt nicht in eine mittelalterliche Ars moriendi, der Kunst des sich Dareinfindens. Heute geht es darum, aktiv Vorsorge für sich selbst zu treffen.

3. Wir leben in einer säkularisierten Gesellschaft. Kirchen sind bedeutsam und prägen auch heute unsere Kultur und Sprache, auch unsere Moral und ethischen Auseinandersetzungen. Uns verbindet aber kein religiös metaphysisch geprägtes Weltbild mehr. Herrschend ist ein pragmatisch wissenschaftliches, wie es Baldo Blinkert formuliert.[10] Die Angst vor dem Tod ist weithin abgelöst von der Angst vor dem Sterben. Weitgehend illusionslos setzen sich die meisten Menschen mit dem auseinander, was nach dem Sterben folgt: dem Tod. Das Jenseits, ein Weiterleben, sei es

---

[9] Blinkert, B./ Klie, Th. (2004)
[10] Blinkert, B. (2005)

religiös oder spirituell hergeleitet, ist für die Mehrheit „moderner" Menschen kein tragfähiges Bild.

Damit wird im Übrigen, wie Imhof[11] feststellt, das Leben unendlich viel kürzer. Wir leben zwar länger, haben uns aber von Vorstellungen verabschiedet, die unser Leben weit über das Lebensende hinaus entfalten, in anderen Wirklichkeiten und Dimensionen. Das gibt dem Tod als Endpunkt und dem Sterben als Weg dorthin noch einmal ein anderes Gewicht. Wenn wir über das Sterben reden, dann ist dieses Reden mit einem „Endlichkeitsindex" versehen. Macht das auch das Faszinierende an dem Thema Sterben aus?

4. Wir leben in einer individualisierten Gesellschaft. Es ist unsere Angelegenheit, wie wir leben und sterben wollen. Wir sind befreit von einengenden aber auch tragenden Traditionen, religiösen Bindungen, aber auch Zugehörigkeiten in Klassen und Stände. Wir haben stets neue Entscheidungen über unser Leben zu treffen – trifft dies nun auch für das Sterben zu? Auch die Todeserfahrung und die Auseinandersetzung mit dem Sterben werden individualisiert. Wir sind selbstverantwortlich dafür, welche Vorstellungen wir mit dem Sterben verbinden und welche Entscheidungen wir treffen. Wir sind aus starren Verhaltenserwartungen entlassen und der Zumutung ausgesetzt, uns in Beziehung zu dem Unfassbaren, dem Sterben und dem Tod zu setzen. Frei und einsam? Die Besorgnis vieler Menschen ist die, dass sie einsam sterben werden, ohne Bedeutung für andere. Das ist die eine Seite, die Erfahrung und Befürchtung derer, die in unserer Gesellschaft nur noch locker sozial verankert sind. Andererseits ist es be-

---

[11] Imhof, A.E. (1981)

eindruckend, wie viele Menschen auf ganz eigene Weise Wege suchen, Sterbende sensibel zu begleiten und so eine neue Semantik in der Begleitung Sterbender zu finden.

Sie suchen nach emotionaler Nähe und danach, was uns aus unseren kulturellen Wurzeln, von denen wir leben, aber auch aus neuen und fremden Wurzeln das Sterben begleiten und ertragen lässt.

Todes- Erfahrung

Wir wissen nichts von diesem Hingehn, das
nicht mit uns teilt. Wir haben keinen Grund,
Bewunderung und Liebe oder Hass,
dem Tod zu zeigen, den ein Maskenmund

tragischer Klage wunderlich entstellt.
Noch ist die Welt voll Rollen, die wir spielen.
Solang wir sorgen, ob wir auch gefielen,
spielt auch der Tod, obwohl er nicht gefällt.

Doch als du gingst, da brach in diese Bühne
ein Streifen Wirklichkeit durch jenen Spalt
durch den du hingingst: Grün wirklicher Grüne,
wirklicher Sonnenschein, wirklicher Wald.

Wir spielen weiter. Bang und schwer Erlerntes
hersagend und Gebärden dann und wann
aufhebend; aber dein von uns entferntes,
aus unserm Stück entrücktes Dasein kann

uns manchmal überkommen, wie ein Wissen
von jener Wirklichkeit sich niedersenkend,

so daß wir eine Weile hingerissen
das Leben spielen, nicht an Beifall denkend.
Rainer Maria Rilke (1907)

5. Was das Reden über das Sterben in unserer Zeit weiterhin
bestimmt ist, dass es weithin unter professioneller Begleitung und Aufsicht stattfindet. Nicht nur, dass die meisten
Sterbenden in Institutionen sterben, in denen letztlich die
Professionellen das Sagen haben. Der Umgang mit existentiellen Grundkonflikten wie dem Sterben, wird seit langem Professionellen übertragen. Das ist nicht neu: Der
Pfarrer ist zuständig für den Grundkonflikt, dass ich sterben muss, mein Glaube mir aber die Ewigkeit verspricht.
Der Jurist versucht, Entscheidungen in Konfliktsituationen
zu legitimieren, die von einem Dilemma geprägt sind und
diese mit der jeweiligen Rechtsordnung in Einklang zu
bringen: Behandlungsverzicht, Behandlungsabbruch*. Der
Arzt zuständig für Fragen der Integrität – psychisch und
physisch. Diesen Professionellen haben wir uns unterge-
ordnet und uns lange an ihnen orientiert. Sie haben den
modernen, selbstverantwortlichen und selbstkontrollier-
ten und sich der Vernunft unterwerfenden Menschen her-
vorgebracht: Unsere Entscheidung stellen wir in Beziehung zu der Logik des Rechts und der Medizin. Ist man den
Professionellen früher gefolgt, hat man sich ihren „Verkün-
digungen" anvertraut, so hat sich in unserer Zeit die Situation radikal geändert: Zum einen sehen sich die Professionellen vor Entscheidungslagen gestellt, in denen sie
nicht mehr „einfach" entscheiden können. Unterschiedliche Behandlungsmöglichkeiten stehen zu Gebote. Auch
das „ob" der Behandlung steht zur Disposition. Hinzu
kommt, dass bei aller Macht der Professionellen die Asym-
metrie zwischen Arzt und Patient sozial nicht mehr akzep-

tiert ist: In jede Heilbehandlung hat der Patient aufgeklärt einzuwilligen, ansonsten stellt sich diese als Körperverletzung dar. Eingebettet in professionelle Aufsichts- und Deutungsmacht ist der Diskurs über das Sterben heute ein Diskurs über den Willen, über die Autonomie, über die Selbstbestimmung des Sterbenden. Früher haben die Experten entschieden, heute haben sie sich dem Willen des Sterbenden zu unterwerfen. Der Wille aber hat sich zu beziehen: Auf das, was den Professionellen bedeutsam ist, was sie an Angeboten machen, was sie an Handlungsoptionen sehen. Auch das verändert das Reden über das Sterben in unserer Zeit.

Heute über das Sterben zu reden und sich damit auseinanderzusetzen ist nicht die Hinnahme des und die Einsicht in das Notwendige. Es ist mit der Chance und der Zumutung verbunden, sich in sehr eigenständiger Weise mit dem eigenen Sterben und dem Tod auseinander zu setzen und sich als selbstbestimmter und autonomer Mensch bis zum Ende des Lebens zu bewähren. Manche können dies. Ob es Peter Noll ist, der seinen selbstbestimmten Sterbeprozess verbunden mit der Ablehnung weiterer therapeutischer Bemühungen in seinen Diktaten über Tod und Sterben festhält[12] oder die Mutter von Noëlle Châtelet[13], die ihr Sterben selbstbestimmt vollzieht.

So schreibt Noëlle Châtelet in ihrem Buch „Die letzte Lektion":

„Am 17. Oktober ist es so weit.' So hast du uns deinen Tod angekündigt, mit diesem einfachen Satz, mit diesen sieben Worten. Ein Satz wie ein Fallbeil. Eine Klinge. Sieben Worte

---

[12] Noll, P./ Frisch, M. (2005)
[13] Châtelet, N. (2005)

aus messerscharfem, seit Jahren beharrlich geschliffenem Stahl. Von der Dolchklinge dieser Worte spürte ich nur die Kälte. ... Keinen Schmerz: nur Kälte. ... Ich dachte: Das muss wohl die Kälte des Todes sein."[14]

Mag diese Entscheidung gerade für Angehörige zunächst unerträglich sein, so lernt auch Noëlle Châtelet von ihrer Mutter auf liebevolle Weise eine letzte Lektion, die es ihr erleichtert, diese gehen zu lassen. Die Tochter kann so rückblickend sagen:

„Ich dachte: Das überlebe ich nicht. Kann man sich von solcher Kälte erholen? ... Doch ich hatte mich geirrt: Jetzt ist mir wieder warm. Ich habe mich erholt, bin warm und lebendig. Habe die Kälte des angekündigten Todes, der sieben messerscharfen Worte überlebt."

Es verhält sich so, wie mit dem kategorischen Imperativ von Kant. Man mag die Prinzipien akzeptieren, ob sie sich aber immer leben lassen? Das Paradoxe am Thema Sterben ist, dass die Anforderungen an Selbstbestimmung und Autonomie verbunden sind mit dem Verlust derselben im Sterben. Die Verlagerung der Entscheidung, was mit mir als Sterbendem zu geschehen hat, auf meine Person überfordert mich potentiell. So diskutieren wir in einem ethischen Diskurs geradezu mit unrealistischen Unterstellungen über das, was wir als Menschen an Selbsttransparenz und Autonomie in der Nähe des Todes leisten können. Wir haben zwar unsere Mündigkeit und sind doch Verzweifelte und dem Ende des Lebens ausgeliefert – jedoch stets in der Hoffnung, für uns sei gesorgt.

Peter Noll verweigerte sich einer lebensverlängernden

---

[14] Châtelet, N. (2005): S. 7f.

Operation und nahm so für sich das Recht auf Autonomie in Anspruch. In seinem Tagebuch äußert er sich dazu, wie paradox die allgemein bezeugte Ehrfurcht vor Menschen ist, die diese Entscheidung treffen:

„Die Respektbezeugung scheint gewissermaßen eine Standardaussage zu sein; denn ich habe sie später noch einige Male gehört. Natürlich gehört es sich auch, einem solchen Patienten, der die Metastase wählt statt der apparativen Hinauszögerung des Todes, eine gewisse Ehrfurcht entgegenzubringen, obwohl er diese genau besehen gar nicht verdient; denn er hat ja nur die Wahl zwischen zwei Übeln, und es ist fast nur eine Frage des Geschmackes, welches Übel er vorzieht."[15]

Das gute Sterben und die Angst

Es gibt die Geschichten, die von alters her überlieferten, aber auch die aus unserer Zeit und eigene vom Hörensagen und Erleben: Der Großvater, der ohne sichtbaren Hinweis auf sein nahes Ende aber offenbar im sicheren Gefühl, er werde jetzt sterben, alle seine Enkel und Kinder zu sich bittet und unprätentiös Abschied nimmt. Einen Abend mit ihnen teilt, um dann in der Nacht friedlich einzuschlafen.

Das gute Sterben – wenigen ist ein solcher Tod vergönnt. So aber wünschen sich die meisten Menschen ihr Sterben: Ohne Schmerzen, ohne lange Leidensfrist, im Bewusstsein zu dieser Welt zu gehören – und Bedeutung für andere Menschen zu haben. Vergleichbar mit einem Einschlafen ohne

---

[15] Tagebucheintrag von Peter Noll vom 28.12.1981. In: Noll, P./ Frisch, M. (2005)

Erwachen. Für wie viele ist es tatsächlich anders, für wie viele ist es ein Kampf, der Abschluss einer langen Zeit der Abhängigkeit oder „banal" im Bett eines Pflegeheimes? Häufig kommt der Tod gar nicht so schnell wie erwartet, etwa nach einem Schlaganfall. Er tritt mehr in Raten ein. Bestimmen lässt sich das Begräbnis, die Trauerfeier, doch nicht das Sterben und der Tod. Es sei denn, wir überlassen auch hier nichts dem Zufall und begeben uns in die Hände von „Exit" oder „Dignitas" und beenden unser Leben fachmännisch assistiert.[16] Auch für die Schweizerinnen und Schweizer, für die dieser Weg rechtlich eröffnet wird, ist es nicht der Weg, dem man in der Breite folgt. Tod und Sterben bleiben etwas, dem wir uns ausgeliefert sehen, das auf uns zukommt und das wir nicht in der Hand haben.

Unser Sterben, die Auseinandersetzung mit ihm, ist weniger davon geprägt, dass wir eine ganz bestimmte Vorstellung von einem guten Sterben als eine realistische Perspektive hätten. Es geht uns vielmehr darum, dass sich Befürchtungen nicht realisieren, die man mit einem würdelosen, leidvollen Sterben verbindet. Nach allem was wir wissen, wovor sich die meisten Menschen in der modernen Gesellschaft im Sterben fürchten, spielen drei Faktoren eine Rolle:

1. Die Angst vor dem Leiden und vor Schmerzen.
Ein Sterbeprozess, der mit unerträglichen Schmerzen verbunden ist, flößt uns Angst ein. Wir kennen die Bilder von

---

[16] Exit: Schweizer Verein, der sich für die aktive Sterbehilfe einsetzt und Unterstützung bietet für Menschen, die den Entschluss gefasst haben, ihr Leben zu beenden.
Dignitas: Schweizer Verein, der sich für die aktive Sterbehilfe ausspricht und eine Begleitung in den Freitod anbietet. Der deutsche Ableger von Dignitas ist Dignitate und ist aufgrund des in Deutschland geltenden Rechts nicht in der Lage einen assistierten Suizid anzubieten.

Tumorpatienten, die in den letzten Wochen und Monaten ihres Lebens furchtbare Qualen erleiden müssen. Die palliative Medizin hat sich genau diesem Auftrag verschrieben, dafür zu sorgen, dass Menschen in der letzten Lebensphase und bei chronischen Erkrankungen keine oder zumindest keine unerträglichen Schmerzen leiden müssen. Die „leges artis" Schmerztherapie hilft in den meisten Situationen allerdings nicht immer und nicht immer zuverlässig, aber doch immerhin so, dass sie den meisten Menschen ein schmerzfreies oder gelindertes Sterben ermöglicht. An sich muss man sich so etwas nicht extra wünschen oder in einer Patientenverfügung betonen: Eine Schmerztherapie – „leges artis" – nach dem Stand der Künste sollte uns davor schützen.

Viele Menschen haben Angst vor einem sinnlos in die Zukunft hinein verlängerten Leben, an Apparaten hängend, durch Beatmungsmaschinen am Leben erhalten. Es gibt solche Situationen, es gibt zynische Formen des am Leben Haltens, etwa durch unverantwortliche Reanimationen, unsinnige Krankenhauseinweisungen von Menschen, die dem Tod geweiht sind. Es gibt aber auch viele Entscheidungssituationen, in denen die behandelnden Ärzte und Pflegenden vor Dilemmata stehen: Notfallversorgung ja oder nein. Dass die intensivmedizinische Behandlung für die meisten Patienten nicht so unerträglich ist, wie es die Bilder nahe legen, wird häufig verkannt. Oft sind es auch die Angehörigen, die es nur schwer ertragen, einen leidenden und von der Medizin so abhängigen Menschen sehen zu müssen und die intensivmedizinische Behandlung ablehnen. Sind es eher die Bilder von „außen" als die von „innen", die das Leiden fokussieren? So ist es bisweilen auch das Mitleid, um das es eigentlich geht. Wer leidet an der Situation eines Wachkoma*-Patienten: Die Person im Wachkoma oder die Angehörigen? Die Journalistin Susanne Schneider schreibt dazu Folgendes:

„Was man auf Intensivstationen lernen kann? Z. B.: Viele haben Angst, Angehörige zu besuchen, weil sie denken, dort herrschen Elend und Tod. Das muss überhaupt nicht sein. Ich lag viele Wochen da, in denen es mir ganz gut ging; ich war zwar schwach, aber fröhlich, so lange man mir nicht die Atmungsmaschine wegnahm und ich selbst atmen musste".[17]

2. Ein wichtiger Faktor, der uns Angst vor dem Sterben bereitet, ist der Verlust von Würde und Selbstkontrolle. Nicht mehr der sein zu können, der ich einmal war und sein will, sondern in grundlegender Abhängigkeit zu anderen Menschen, mit einer möglicherweise sichtbaren Angst, anderen ausgeliefert zu sein. Dies hat wenig mit der Vorstellung von einem würdevollen autonomen Selbst zu tun. Ist unser Leben in vieler Hinsicht auch auf Selbstkontrolle ausgerichtet, auf die Unterdrückung alles Animalischen und Körperlichen, so wie es Norbert Elias in seiner Geschichte der Zivilisation beschreibt.[18]

Dann am Ende des Lebens, in einem elementaren Sterbeprozess, steht all das in Frage, was mit meinem Selbstbild verbunden war. Andere entscheiden über mich, ich fühle mich Institutionen aber auch Menschen ausgeliefert. Wenn das Sterben nicht in das Grundvertrauen eingebunden ist, dass für mich gut gesorgt ist, kann Angst Raum greifen. Die Bilder von unwürdigen Pflegesituationen in deutschen Pflegeheimen: „Tatort Pflegeheim", verstärken solche Ängste und geben ihnen Nahrung. Nach jeder Sendung über Skandale in deutschen Pflegeheimen steigt die Zahl der Nachfrage nach „Dignitas" und „Exit" Angeboten, zum assistierten Suizid: „So will ich nicht enden". Alleine die Diskrepanz zwischen Wün-

[17] Schneider, S. (2006)
[18] Elias, N. (1969)

schen und erwartbarer Realität verstärken die Angst vor Würdeverlust und dem Verlust der Selbstkontrolle: Weit über 80 Prozent der Menschen wünschen, zu Hause zu sterben. Tatsächlich sterben weit über 80 Prozent in Institutionen wie Krankenhäusern und Pflegeheimen.[19]

3. Ein dritter Aspekt der Angst ist der der Einsamkeit und Isolation. Tot in der eigenen Wohnung aufgefunden zu werden, im Krankenhaus und Pflegeheim für niemanden mehr bedeutungsvoll, nur noch auf den Tod wartend: Das sind Bilder, die Angst machen, die nichts mit einem zum Leben gehörenden Sterbeprozess zu tun haben. Einsamkeit und Isolation sind in unserer Zeit immer mehr Begleiter gerade hochbetagter Menschen, die zwar immer noch in sehr hohem Maß von ihren Angehörigen begleitet werden, aber doch nicht alle und nicht überall.

Diese Ängste signalisieren in ernst zu nehmender Weise, dass verbreitet Vertrauen fehlt, in Institutionen, in die Professionellen, in die Familien und allgemein in die Solidaritätsfähigkeit unserer Gesellschaft. Die Ängste werden heute weniger kollektiv zum Ausdruck gebracht, sondern individualisiert: Es ist meine Angst und ich habe mit ihr umzugehen. Ein in unserer Gesellschaft aktuell angebotenes Instrument des Umgangs mit der Angst sind unter anderem Patientenverfügungen, deren Inhalte sich ganz wesentlich auf die genannten Faktoren der Angst beziehen: „Behandelt mich schmerztherapeutisch", „Verlängert nicht sinnloses Leiden", „Behandelt mich nicht mehr, wenn keine Aussicht auf Heilung besteht". Die große Bereitschaft in der Bevölkerung, sich mit dem Thema Patientenverfügung aktiv auseinander zu setzen, kann man auch als eine Aufforderung, als einen

---

[19] Student, C. (1999)

Appell interpretieren, Institutionen zu schaffen, denen ich vertraue, von denen ich erwarten kann, dass für mich gesorgt sein wird – ohne aber zu wissen, was das im Einzelnen heißt.

Vorstellungen vom guten Sterben bzw. von einer guten Begleitung im Sterben haben sich in den letzten Jahrzehnten deutlich konkretisiert und sind mit vielen professionellen Wissensbeständen verbunden. Die schmerztherapeutischen Kenntnisse und Techniken haben sich in enormer Weise verbreitet. Über 2.000 Fachleute kamen im Jahr 2006 zum palliativmedizinischen Kongress nach Hamburg. Die Zahl der ausgewiesenen Schmerztherapeuten wächst kontinuierlich und immer mehr Ärzte erwerben die Zusatzbezeichnung „Palliativmedizin". Auch die Pflege verfügt inzwischen über eigene Expertenstandards*, etwa zum „Schmerzmanagement"*. Lehrbücher über Palliative Care versuchen die Erkenntnisse einer ganzheitlichen Begleitung Sterbender in Krankenhäusern, Pflegeheimen, aber auch durch Familienangehörige und Freiwillige in der ambulanten Pflege zu verbreiten. Wir befinden uns inmitten einer Professionalisierung des Sterbeprozesses. Dies ist zum einen eine Errungenschaft und mag neues Vertrauen schaffen: Schließlich darf man sicher sein, dass man auch profitiert von der Wissensgesellschaft und all den Wissensbeständen, die für Sterbende von Bedeutung sind. Gleichzeitig sind mit der Professionalisierung des Sterbeprozesses auch Übergriffe und Zumutungen verbunden. Die moderne Medizin fordert den mündigen Patienten, der sich mit all den Behandlungsoptionen, die uns heute zu Gebote stehen, aktiv auseinandersetzt. Ein „informed consent"* ist gefragt. Es müssen stets neue Entscheidungen getroffen werden, was geschehen soll und was unterbleibt. Dabei gelingt es schwerlich, die akademische Sprache im Alltag der Sterbebegleitung, in der klinischen

Praxis auf Augenhöhe mit den Patienten zu vermitteln. Und ein weiteres: Es besteht auch die Gefahr, dass mit der Professionalisierung, die sich „ganzheitlich" dem Sterbeprozess widmet, das individuelle Sterben des je Einzelnen kolonialisiert und pädagogisiert wird: Reimer Gronemeyer sprach schon vor Jahren von der Orthothanasie – von der Lehre des richtigen Sterbens, durch die wir final zu schreiten haben.[20] Bin ich durch alle Sterbephasen geschritten, stehe ich zu meinen spirituellen Bedürfnissen, bin ich offen für die Rituale, die mir im Heim angeboten werden? Dass sich in den unterschiedlichen Berufen, die für die Begleitung Sterbender Verantwortung tragen, sowohl systematisch erarbeitete Wissensbestände verbreiten, als auch eine Praxis dabei ist sich zu etablieren, die sich dem verpflichtet weiß, wovor wir als Menschen im Blick auf das Sterben Angst haben, ist eine Errungenschaft. Es bleibt nur zu hoffen, dass dieses Wissen und diese Praxis für möglichst viele Menschen zugänglich werden und sich als dienend und nicht als übergriffig verstehen.

Eine Pflegekraft im Pflegeheim berichtet: „Als ich am Freitag zum Spätdienst erschien, war soeben der behandelnde Arzt eingetroffen, der zu dem stark verschleimten, sterbenden Herrn Braun[21] gerufen worden war. Ich begleitete ihn. Gegen die Angstzustände des Bewohners spritzte er ein leichtes Beruhigungsmittel und gegen die Ödeme in den Beinen ein Mittel zur Entwässerung. Um der Verschleimung zu begegnen, ordnete er „immer gut absaugen" an. Etwas anderes bliebe eben nicht. Flüssigkeit sollte weiterhin langsam durch die Sonde verabreicht werden.

---

[20] Buff, W./ Gronemeyer, R. (1988)
[21] Alle Namen in den Beispielen wurden geändert.

Mit einem mitleidigen Blick zu Herrn Braun und einem hoffnungsvollen zu mir, dass wir so das Leiden in den Griff bekämen, verschwand er sehr eilig wieder. Entsprechend verlaufen oft die Kurzvisiten in den Pflegeheimen.

Bei Herrn Braun waren diese Anordnungen unbefriedigend. Das Beruhigungsmittel wirkte nicht. Der Bewohner saß bei hochgestelltem Kopfteil in seinem Bett. Der Kopf lag leicht zur Seite geneigt, kleine Schweißperlen standen auf der Stirn der gelblichen Haut. Die Beine waren teilweise bläulich marmoriert. Die milchigen Augen schauten ängstlich in eine Richtung aus dem Fenster. Aus dem hageren Gesicht, dessen spitze Nase zeigte, dass Herr Braun dem Tode nahe war, sprach trotz der Sedierung weiterhin Angst. Die Atmung war sehr kurz und oberflächlich. Herr Braun machte einerseits den Eindruck, dass er sich schon weit aus diesem Leben entfernt hatte, auf der anderen Seite hörte er noch gut und reagierte auf Ansprache.

Sobald aber die Verschleimung zunahm, traten die Augen angstvoll hervor und sowie man der Anordnung des Absaugens folgte, war er wieder ganz wach. Der Körper bäumte sich auf und die Angst vor dem Ersticken wurde durch den sich immer wieder aufbäumenden Brustkorb sowie das sich bläulich verfärbende Gesicht deutlich. Erschöpft glitt er danach wieder in sein Kissen. Die Verschleimung trat immer häufiger auf. Deshalb konnte die Pflegekraft das Zimmer eigentlich kaum noch verlassen.

Ich fragte Herrn Braun nach dem Absaugen, ob ich eine beruhigende, erleichternde therapeutische Massage nach dem Healing Touch Ansatz* bei ihm durchführen dürfe und erklärte ihm, dass ich mit den Händen in seinem Energiefeld arbeiten würde und dies seinen Zustand erleichtern könne. Ein leichtes zustimmendes Nicken des Kopfes gab mir die Erlaubnis.

Während der ganzen Behandlung, den sanften Berührungen, blieb die zunehmende Verschleimung aus, so dass man diese nicht durch Absaugen unterbrechen musste. Vor der Massage hatte man dagegen schon alle fünf Minuten den Eindruck gehabt, bald wieder absaugen zu müssen. Jetzt wurde die Atmung dagegen ein wenig tiefer und der Gesichtsausdruck friedlicher. Herr Braun suchte meine Augen und sandte mit seinen Augen Zustimmung aus. Nach der Behandlung waren die Augen fast geschlossen und Herr Braun machte den Eindruck, eingeschlafen zu sein. Diese Anwendung dauerte zwanzig Minuten. Danach konnte ich den Raum mit gutem Gewissen verlassen.

In regelmäßigen Abständen schaute ich während des Nachmittags immer wieder in das Zimmer von Herrn Braun. Als ich meine Hand in die seine legte, um ihm zu zeigen, dass ich da war, spürte ich ein leichtes Drücken seiner Hand. Bis dahin hatte kein Schleim mehr bei ihm abgesaugt werden müssen. Man hatte den Eindruck, dass er über seine Beschwerden langsam hinwegatmete, oberflächlich und relativ ruhig. Drei Stunden später war Herr Braun gestorben. Sein Kopf lag mit einem friedlichen Gesicht auf dem Kissen."[22]

Das organisierte Sterben

Die Bilder von einem Sterbebett, ringsherum die Angehörigen in vertrauter Häuslichkeit – sie werden wieder vermehrt Realität, dort wo Hausärzte, Pflegedienste, Hospizgruppen das Sterben zu Hause möglich machen (wollen).

Auch die Aufbahrung zu Hause wird wieder mehr Praxis als noch in den letzten Jahren. Manche Familien wünschen, dass ihr verstorbener Angehöriger in der eigenen Wohnung oder nach dem Versterben im Krankenhaus dort aufgebahrt wird. Trotzdem wird heute überwiegend in Institutionen ge-

---

[22] Kraume, K. (2004)

storben. Das frühere Sterben in Alltagszusammenhängen war mitnichten immer nur eine frei gewählte Form, sondern häufig eine alternativlose. Insofern sollte man die „gute alte Zeit" nicht romantisieren. Organisationen haben die Aufgabe, sterbende Menschen zu begleiten, ein Sterben zu ermöglichen, das all das aufgreift, was wir heute vernünftig und wissensgeleitet über das gute Sterben sagen können: Medizinisch geht es um die Verringerung von Schmerzen und Leiden, psychologisch um den Umgang mit der Angst, juristisch um die Zuweisung von Verantwortlichkeiten und die Legitimation von Entscheidungen und ethisch um den reflektierten Umgang mit Situationen, die Menschen vor ein Dilemma stellen. Was machen Organisationen mit dem Sterben? Mit diesen Fragen beschäftigt sich seit langem Andreas Heller aus organisationsethischer Perspektive.[23] Ob nun in Krankenhäusern, Pflegeheimen oder Formen der Integrierten Versorgung*. Schaut man in die Wirklichkeit von Organisationsroutinen in Krankenhäusern und Pflegeheimen, so werden manche Ängste vom „Tatort Pflegeheim" bestätigt werden. Sicher bemühen sich viele Institutionen darum, über die Schulung ihrer Mitarbeiterinnen und Mitarbeiter, über Standards, über die Zusammenarbeit mit Hospizgruppen, vieles von dem umzusetzen, was heute über die gute Begleitung Sterbender bekannt ist. Wir wissen aber aus Studien über Behandlungsabbrüche im klinischen Alltag, dass Organisationsroutinen oft einer ganz anderen Logik folgen. So hat Wehkamp das Alter, den sozialen Status und die Charaktereigenschaft der Handelnden als die maßgeblichen Einflussgrößen herausdestilliert, wenn es etwa um die Frage geht, ob ein Behandlungsabbruch erfolgt oder nicht.[24] Wir kennen die diskreten

---

[23] Heimerl, K./ Heller, A. (2001)
[24] Wehkamp, K. (1998, 2001), Klie Th./ Spatz, J. (2005)

Reiter in der Pflegedokumentation, die Hinweise geben auf die Weiterbehandlung – ja oder nein. Geht es um das gute Sterben, ist der Blick auf die Wirklichkeit der Organisationen und ihrer Routine in den Mittelpunkt zu stellen. Orientieren sie sich an den Bedürfnissen der Sterbenden oder müssen sich die Sterbenden der Funktionslogik der Institutionen und ihren ökonomischen Kalkülen unterordnen? Woran soll man sie messen: Dass Organisationen sicherstellen, dass Patienten keine Schmerzen leiden müssen – bis hin zur „Terminalen Sedierung"*? Stellt man die Beachtung des Patientenwillens in den Mittelpunkt – und dies in der Ausnahmesituation des Sterbeprozesses? Nassehi spricht davon, dass die eigentliche Vergesellschaftung des Sterbens in unserer Zeit das zu sein scheint, was sich in Organisationsroutinen zeigt bzw. umgesetzt wurde.[25] Dabei lässt sich der Sterbeprozess nicht bis ins Letzte domestizieren. Die Frage nach einer angemessenen Gestaltung von Sterbeprozessen stellt sich als ein steter und nicht abgeschlossener Lernprozess dar, über den man berichten kann, für den es Orientierungen gibt, aber keine DIN ISO Standardisierung. Einen herausfordernden Lernprozess für Organisationen stellt es allemal dar: Und doch, weder Krankenhäuser noch Pflegeheime sind in ihrer Kultur, in ihrer „Funktionslogik" auf das Sterben und die Begleitung Sterbender ausgerichtet.

Dass das auch ganz anders sein kann, das beweisen inzwischen weit über 1.400 ambulante Hospizgruppen und Palliative Care Teams.

In vielen Regionen Deutschlands aber auch anderen Ländern gibt es Bemühungen, eine integrierte palliativmedizinische Versorgung Sterbender und Palliative Care sicherzustellen. Sei es in Graubünden in der Schweiz, wo alle Akteu-

---

[25] Nassehi, A. (2004a)

re von den Pfarrern der reformierten Kirche bis hin zu den Kliniken und den Pflegediensten, den dort so genannten Spitex-Diensten sich zusammen tun, auch, um ein Sterben „privat" zu ermöglichen, finden sich ähnliche Ansätze in Stuttgart mit einer intelligenten Verschränkung kommunaler Förderaktivitäten für bürgerschaftliches Engagement mit Fachlichkeit garantierenden Infrastrukturen. Die Esslinger Initiative, die sich um ein würdevolles Sterben bemüht, verbindet die Verantwortlichkeiten der Vormundschaftsgerichtsbarkeit mit denen der Kliniken und der Bedürfnisse von Bürgerinnen und Bürgern, die mit dem Thema Sterben konfrontiert sind. Es wäre naiv, in einer modernen, oder wie wir heute sagen, nachmodernen Gesellschaft davon ausgehen zu wollen, dass das Sterben in traditionellen Mustern und Pfaden geleitet wird. Es bedarf einer intelligenten hintergründigen Regie, damit das Zusammenwirken von Fachleuten, Familienangehörigen, den auf dem Markt angebotenen Hilfen, aber auch und gerade der freiwilligen Form des Engagements für Sterbende, das sich in der Hospizbewegung bündelt und formiert hat, funktioniert.

„Frau Dreher kommt mit ihrer Tochter zu einem Informationsgespräch ins Büro des ambulanten Palliative Care-Dienstes. Sie sucht nach einer Möglichkeit zur Aufnahme ihrer lebensbedrohlich erkrankten Mutter in den stationären Bereich eines Hospizes. Die Sozialarbeiterin im Krankenhaus hatte ihr bereits die Unterbringung in einem Pflegeheim empfohlen. Wichtigstes Kriterium für eine stationäre Unterbringung ist der Familie die räumliche Nähe zu ihrem Wohnort, um möglichst viel Zeit für die Begleitung der Mutter zu haben.

Der Hinweis auf die Möglichkeit der Unterstützung durch die ambulanten Palliative Care-Dienst eröffnet der Familie eine Perspektive für eine häusliche Versorgung. Tochter und Enkeltochter können sich aber anfangs eine häusliche Pflege nur schwer vorstellen. Es ist der Palliative Care-Pflegekraft im ersten Gespräch wichtig, dass die Angehörigen die Möglichkeit einer ambulanten Pflege zu Hause als eine Alternative zu einem stationären Angebot sehen können, um sich nach der Beratung zu entscheiden, welches der gangbarste Weg für sie als Familie ist.

Die 83jährige Mutter lebte bis zur lebensbedrohlichen Erkrankung selbstständig in ihrer Wohnung in Bayern. Es erfolgte die Krankenhausaufnahme am selben Ort, weil der Familie die Begleitung der Angehörigen wichtig war. Dort wurde eine schwere Herzinsuffizienz diagnostiziert, die nur noch gelindert, jedoch nicht mehr geheilt werden könne. Die Patientin habe nur noch eine geringe Lebenserwartung. Nach drei Wochen Krankenhausaufenthalt soll nun die Entlassung erfolgen.

Der 20jährige Enkelsohn ist nach seinem Zivildienst in einem Pflegeheim bis zum Beginn des Studiums zu Hause. Er hat den Wunsch geäußert, die eigene Großmutter zu Hause zu pflegen und möchte tagsüber die Versorgung und Pflege übernehmen. Frau Dreher ist berufstätig und kann sich nur schwer vorstellen, die Verantwortung für die Pflege ihrer Mutter zu übernehmen. Außerdem hat sie als Mutter die Sorge, dass sie ihren Sohn mit der Pflege zu Hause überfordern könnte.

Im Gespräch weist die Palliative Care-Pflegekraft die Familie auf Möglichkeiten der Unterstützung durch einen ambulanten Pflegedienst hin. Wichtig sei es, einen Hausarzt zu finden, der zu Hausbesuchen bereit wäre. Es gäbe eine Entlastungsmöglichkeit für die Familie durch eine freiwillige Begleiterin. Eine freiwillige Begleiterin könne stundenweise für Gespräche und zur Begleitung der Mutter da sein. Darüber hinaus würde eine Palliative Care-Pflegekraft die Mutter im Krankenhaus besuchen und kennen lernen und könne die Pflegehilfsmittel organisieren. Die Palliative Care-Pflegekraft wäre weiterhin für medizinisch-pflegerische Fragen rund um die Uhr erreichbar. Eine Entscheidung für eine Pflege zu Hause sei keine Entscheidung für immer, sie könne, wenn sich die Situation verändern würde, revidiert werden. Die Möglichkeit einer Aufnahme ins stationäre Hospiz bleibe offen, wenn trotz aller Hilfen ein Verbleib zu Hause nicht mehr möglich sei. Dieser Gedanke entlastet die beiden Frauen spürbar.

Am folgenden Tag meldet sich Frau Dreher telefonisch bei der Palliative Care-Pflegekraft: Die Familie hat sich für eine häusliche Pflege entschieden. Es wird ein gemeinsamer Besuch im Krankenhaus bei Frau Drehers Mutter und ein gemeinsamer Gesprächstermin mit der Krankenhaus-Sozialarbeiterin vereinbart.

Die Palliative Care-Pflegekraft stellt sich während eines Krankenhausbesuchs der Patientin vor, und informiert sie darüber, dass sie sie und ihre Tochter bei dem Wunsch nach Hause zu gehen unterstützt und begleitet. Die Kranke, Frau Frei, freut sich über diesen Besuch und die Bereitschaft ihrer Tochter, ihr ein „Abschiednehmen im Kreis der Familie" zu ermöglichen. Diese Aussage sagt der Palliative Care-Pflegekraft, dass Frau Frei spürt, dass ihre Lebenszeit begrenzt ist. Während des kurzen Gesprächs hält Frau Frei die Hand der Palliative Care-Pflegekraft und drückt sie zustimmend bei der Frage, ob sie mit der Pflege, Begleitung und Versorgung durch die Familie der Tochter einverstanden sei. Frau Frei wirkt während des Besuchs sehr schwach und trotz Sauerstoffgabe kurzatmig und müde auf die Palliative Care-Pflegekraft.

Im darauf folgenden Gespräch mit der Sozialarbeiterin und den Angehörigen werden die nun notwendigen organisatorischen Schritte besprochen. Eine Antragstellung zur Einstufung in die Pflegeversicherung und das Ausstellen eines Rezeptes für Pflegebett und Sauerstoffgerät erfolgen unverzüglich durch die Palliative Care-Pflegekraft. Die Beauftragung des Pflegedienstes und die Information des Hausarztes übernehmen die Angehörigen selbst. Die Koordination aller weiteren notwendigen Hilfen wird von der Palliative Care-Pflegekraft übernommen. Sie ist in den nächsten Tagen für alle weiteren Fragen jederzeit für die Familie erreichbar.

Das Wissen, in der Palliative Care-Pflegekraft eine Partnerin und Wegbegleiterin gefunden zu haben, ist für Frau Dreher und ihre Tochter eine große Beruhigung.

In den Tagen nach der Entlassung hält die Palliative Care-Pflegekraft mit der Familie Kontakt. Die Pflege hat sich in Zusammenarbeit mit dem Pflegedienst gut eingespielt und die einzelnen Familienmitglieder, besonders auch der Enkelsohn, wechseln sich bei der Anwesenheit und Begleitung der Sterbenden ab. In den Nächten wird die Familie aus dem Freundes- und Verwandtenkreis unterstützt. Der Hausarzt besucht die Patientin regelmäßig.

Fünf Tage nach der Entlassung aus dem Krankenhaus ist Frau Frei im Beisein ihrer Tochter ruhig eingeschlafen.

In einem Trauernachsorgegespräch bedankte sich Frau Dreher für die einfühlsamen Gespräche, die ihre Zweifel, sich mit der häuslichen Pflege zu überfordern, gemildert hätten. Sie habe sich durch die Palliative Care-Pflegekraft weder zu einer Entscheidung gedrängt noch überredet gefühlt. Die praktischen Ratschläge zur Organisation und die regelmäßige Erreichbarkeit für Gespräche während der Pflege zu Hause hätten entscheidend dazu beigetragen, dass sie es gewagt habe, sich dieser Aufgabe zu stellen. Hilfreich sei ihr besonders der Hinweis gewesen, sich bei ihrem Hausarzt arbeitsunfähig schreiben zu lassen, weil die Ambulante Hospizschwester ihre psychische Belastungsgrenze frühzeitig und gut wahrgenommen habe. Im Rückblick könne sie sagen, dass sie für die Ermutigung dankbar sei, ihrer Mutter auch in der Zeit des Sterbens die menschliche Nähe der häuslichen Umgebung zu schenken. Auf diese Weise habe sie ihrer Mutter am besten etwas von der Liebe und Unterstützung zurückgeben können, mit der sie stets auch an ihrem Leben teil gehabt habe."[26]

Mein Wille geschehe

Wir kennen sie und singen sie noch? Die Lieder aus den Gesangbüchern: „Wie Gott mich führt, bin ich vergnügt, ich ruh` in Jesu Händen. Wie er es schickt und mit mir fügt, er will's zum Besten wenden. Es sei ihm alles heimgestellt: er mach` es, wie es ihm gefällt, in allen meinen Tagen!"[27] oder „So nimm denn meine Hände und führe mich bis an mein selig Ende und ewiglich".[28] War und ist es noch für viele ältere Menschen selbstverständlich, die Zeit in die Hände Gottes zu legen angesichts der Grenzen der Medizin und vor allem der Lebensumstände, gewinnt man heute bisweilen den Eindruck, es sei im Wesentlichen unsere Entscheidung, ob, wann und wie wir sterben. Zumindest kommt es auf unseren Willen an. Er wird zum Bezugspunkt von Entscheidungen am Lebensende, wenn solche noch zur Wahl stehen. Die meisten Menschen sterben auch heute, ohne dass sie in der einen oder anderen Weise gefragt werden oder die Chance besteht, sie zu fragen, ob sie dies oder jenes wünschen.

Bei den meisten Menschen wird es durch den Krankheitsverlauf bestimmt oder aber faktisch durch Entscheidungen von Ärzten oder Pflegekräften, an denen die Patienten nicht beteiligt sind. Gleichwohl wird die derzeitige Diskussion um Entscheidungen am Lebensende dominiert von der Frage des

---

[26] Fischle-Brendel et al. (2005)
[27] Lambert Gedicke (1683-1735) "Lied von der christlichen Gelassenheit"
[28] Hausmann (1862) „So nimm denn meine Hände"

Willens des Betroffenen, des Sterbenden. Und es ist in der Tat richtig: Ärzte und Pflegekräfte, aber auch Angehörige dürfen nicht aus ihrer Rolle heraus eine Entscheidung treffen, von Notfällen abgesehen. Medizinrechtlich betrachtet bieten sie dem Patienten unterschiedliche Entscheidungsoptionen an. Schließlich trifft er die letzte Entscheidung. Patientenautonomie, Patientenwille und Selbstbestimmung stehen im Vordergrund. Sie sollen institutionalisiert werden, auch durch das rechtliche Instrument der Patientenverfügung. Das mag man als Emanzipationsprozess des Patienten in einem traditionell paternalistischen Gesundheitswesen feiern. Manche Streitschriften zugunsten der rechtlichen Verbindlichkeit von Patientenverfügungen lesen sich so.[29]

Nun ist der Bezug auf den Willen, den insbesondere auch der juristische Diskurs speziell hervorhebt, problematischer als es juristische Vereinfachungen nahe legen. Zum einen ist die Idee des freien Willens eine neue, und das Ergebnis eines historischen Prozesses. Ein „Anthropologikum"[30] ist sie zumindest nicht. Eine autonome Handlung schließt durchaus ein, eine „eigensinnige" Entscheidung zu treffen, die für andere Menschen nicht unbedingt nachvollziehbar ist. Die Freiheit des Willens ist mit der Vernunft des Sollens verbunden. Werden in der Debatte der Sterbehilfe die Autonomiebedürfnisse moderner Individuen betont, so besteht gleichzeitig die Gefahr, dass gerade diese Autonomiebedürfnisse in hohem Maße gefährdet werden. Die Gefährdung ergibt sich aus dem Druck, sozialen, moralischen und ökonomischen Erwartungen gerecht zu werden, denen wir ausgesetzt sind. Müssen wir vor der Einlieferung in ein Krankenhaus oder in ein Pflegeheim bald eine Patientenverfügung hinter-

---

[29] Putz, W./ Steldinger, B. (2007)
[30] Nassehi , A. (2004a)

legen, um überhaupt aufgenommen zu werden? Benötigt derjenige, der keine Patientenverfügung mit bestimmtem Inhalt unterzeichnet hat, eine gesonderte Krankenversicherung für den Luxus einer eventuellen Weiterbehandlung?

Es ergeben sich merkwürdige Allianzen: Auf der einen Seite diejenigen, die die Autonomie des Einzelnen in den Vordergrund stellen; auf der anderen Seite diejenigen, die nach legitimierbaren Formen Ausschau halten, um medizinische Leistungen zu rationieren. So fragt Erika Feyerabend: „Wäre da nicht der freiwillige Verzicht seitens der kostenintensiven Kranken ein Ausweg? Könnte nicht unter dem Deckmantel von „Würde und Autonomie" das Diktat der Ökonomie durchsetzbar werden – ohne Imageverlust für die Medizin?"[31]

Auf den Willen des Sterbenden zu bestehen lebt oft von Illusionen: Diese bestehen darin, dass man glaubt, den Sterbeprozess kontrollieren und eine Gesprächssituation herstellen zu können, in denen der Sterbende in gewisser Weise von sich selbst absieht, sich von sich selbst distanziert, um dann eine Entscheidung über sich zu fällen. Und das in einer Situation, in der er noch nicht weiß, worauf es ankommen kann und wird, in der auch immer ein Aspekt von Intransparenz mitspielt (Wahrheit am Krankenbett), der Sterbende vielleicht auch nicht alles wissen will, die Gesprächssituation zwischen allen Beteiligten gegebenenfalls von Ängsten, Barrieren und Sprachlosigkeit geprägt ist. Es gibt zwar diese Menschen, die dem Idealbild des autonomen, vernünftig handelnden, selbstbestimmten Subjekts entsprechen. Sie sind aber die Ausnahme und es stellt sich die Frage, ob wir diese als Leitbild wählen wollen, wenn uns gerade doch die

---

[31] Feyerabend, E. (2000).

Menschen am Herzen liegen, die sich durch ihre Biografie, ihre sozialen Umstände und ihre individuellen Kompetenzen nicht an den Ikonen autonomiebegabter alter Menschen unserer Zeit orientieren können.

Ein weiteres tritt hinzu: Aus der sozialwissenschaftlichen Forschung[32] ist bekannt, wie wankelmütig unser Wille ist, wie schnell wir unsere Willensrichtung ändern, wie wenig stabil und beeinflussbar Lebensäußerungen unsererseits sind. Das soll nicht in Frage stellen, dass das Subjekt und seine Willensäußerung zentral und maßgeblich sind für Entscheidungen am Lebensende. Doch wir müssen die jeweiligen Situationen, den jeweiligen Kontext mitberücksichtigen.

Einer von diesen Kontexten ist ein anthropologischer. Andreas Kruse stellt in seiner Anthropologie der Gesundheit vier zentrale Kategorien in Beziehung zueinander.[33]

1.) Die Selbstständigkeit in der Alltagsgestaltung beschreibt die Fähigkeit des Menschen, einzelne Aktivitäten des täglichen Lebens weitgehend unabhängig von Hilfe auszuführen.

2.) Die Selbstverantwortung, die eine reflektierte Auseinandersetzung des Menschen mit sich selbst, mit seinen Werten, Zielen und Bedürfnissen anspricht, aber auch die Motivation, den Alltag in einer dieser Werte, Ziele und Bedürfnissen folgenden Art und Weise zu gestalten.

3.) Die Mitverantwortung, die die Bereitschaft des Menschen reflektiert, sich mit Anliegen und Themen anderer Menschen zu beschäftigen und sich auch für diese einzusetzen.

4.) Und schließlich die angenommene Abhängigkeit. Damit ist die Fähigkeit und Bereitschaft gemeint, notwendige

---

[32] Sahm, S. (2006); Slevin, M.L. et al. (1990); Fagerlin, A./ Schneider, C.E. (2004); Kübler, A. et al. (2005); Danis, M. et al. (1994)
[33] Kruse, A. (2006)

therapeutische, pflegerische, psychologische, spirituelle und soziale Hilfe ausdrücklich anzunehmen.

Stellen wir den Willen und die Autonomie des Menschen in der Sterbehilfediskussion in den Vordergrund, so sind die beiden ersten Begriffe besonders angesprochen – Selbstständigkeit und Selbstverantwortung. Begreifen wir es mit Cicely Saunders, der Begründerin der Hospizidee als einen Auftrag in der Begleitung Sterbender, nicht nur in Frieden und in Übereinstimmung mit den eigenen Werten sterben zu können, sondern auch Leben zu ermöglichen „bis du stirbst", kommen die beiden anderen Kategorien zum Tragen. Leben heißt auch, in Beziehung zu anderen Menschen zu stehen. Alle vier Aspekte gilt es bei der Begleitung Sterbender zu beachten. „Wir reduzieren dich nicht auf denjenigen, der seinen Willen für ein und allemal kundtut. Wir stehen weiter in Beziehung zu dir in den verschiedenen Dimensionen dessen, was in Beziehung stehen heißt." Damit ist auch ein zweiter Kontext angesprochen, der soziale. Auch Sterbende gehören zu uns, wir leben in Verbundenheit mit ihnen und wir wissen, dass dies vielen Menschen das Sterben leichter macht.

„Eine der Mitarbeiterin eines ambulanten Palliative Care-Dienstes lernte Herrn Steffen, einen 58-jährigen Mann mit einem rasch fortschreitenden Tumorleiden im Bereich des Kehlkopfes über die Tumorberatungsstelle kennen. Die Erkrankung von Herrn Steffen war mittlerweile so weit fortgeschritten, dass die Kommunikation für ihn nur noch sehr eingeschränkt mit sprachlichen Mitteln möglich war und überwiegend über Mimik und Gestik erfolgte. Auch die Nahrungsaufnahme war über den Mund nur noch spärlich möglich und die Nahrungsversorgung auf diesem Wege nicht mehr ausreichend.

Schon vor längerer Zeit hatte Herr Steffen zur besseren Versorgung mit Nahrung eine operativ gelegte Magensonde (PEG-

Sonde*) gelegt bekommen. Herr Steffen war schon immer ein Mann gewesen, der übliche gesellschaftliche Gepflogenheiten wenig berücksichtigte und auch jetzt in seiner Krankheit nur sehr widerwillig irgendeine Art von Hilfe annahm, und dem seine Autonomie in jeder Situation über alles ging. Die Unterstützungsangebote hatte er meist kategorisch abgelehnt. Nur widerwillig nahm er die Hilfe eines Pflegedienstes an.

Nachdem sich der Zustand von Herrn Steffen in den letzten Monaten kontinuierlich verschlechtert hatte, musste er immer mehr Unterstützung und Hilfe in Anspruch nehmen. So wurde er im Haushalt und bei der Körperpflege durch die Mitarbeiterinnen des ambulanten Pflegedienstes unterstützt. Diese Mitarbeiterinnen hatten jetzt Kontakt zur Tumorberatungsstelle aufgenommen, weil es ihnen schwer wurde, die Verantwortung dafür zu tragen, dass Herr Steffen immer häufiger die Nahrungsaufnahme über die Sonde verweigerte. Ebenso lehnte er Unterstützung bei der Körperpflege zeitweilig fast völlig ab.

Beim Hausarzt von Herrn Steffen, an den sich die Mitarbeitenden des Pflegedienstes gewandt hatten, fanden sie für ihre Fragen kein genügend offenes Ohr. Sie erlebten die Situation als sehr belastend und schwierig. Auf der einen Seite stand die Nahrungsverordnung durch den Hausarzt und auf der anderen Seite der Wille des Patienten, die Nahrungsmenge zu reduzieren und in dieser Entscheidung autonom zu bleiben.

Die Palliative Care-Pflegekraft machte in dieser Situation dem Ambulanten Pflegedienst das Angebot mehrerer Beratungsgespräche im Team.

Bei den Beratungsgesprächen zeigte es sich, dass allein schon das gemeinsame Gespräch im Team eine wesentliche Entlastung für die Helfenden mit sich brachte. Wichtig war es den Mitarbeiterinnen, dass sie in diesem Gespräch auch ihre eigenen Gefühle thematisieren konnten und auch ihre Sorge, Grundlegendes zu versäumen – vielleicht sogar mit geltenden Gesetzen in Konflikt zu geraten, ansprechen konnten.

In diesen Gesprächen konnte herausgearbeitet werden, dass es wichtig sei, dem Hausarzt über den konkreten Zustand des Kranken kontinuierlich Rückmeldung zu geben und die entsprechenden Befunde und auch die Äußerungen von Herrn Steffen sorgsam zu dokumentieren. Gleichzeitig kam das Gespräch aber auch darauf, dass es so etwas wie ein „Recht auf Verwahrlosung" gibt und bei einem psychisch kompetenten Patienten eine Nahrungsgabe gegen dessen Willen als Übergriff betrachtet werden müsste.

Schließlich wandten sich die Gespräche auch Fragen der Zukunft zu. Durch das relativ rasche Tumorwachstum bestanden Gefahren lebensbedrohlicher Komplikationen. Unter diesem Aspekt wurde gemeinsam beraten, wie das Gespräch mit Herrn Steffen gesucht werden könne, um mit ihm gemeinsam herauszufinden, welche Maßnahmen, Therapien und Hilfen er bei Eintritt von Komplikationen noch wünsche – und wie ihm diese Frage so verdeutlicht werden könne, dass alle Beteiligten sicher sein würden, dass er verstanden hatte, worum es wirklich ging.

Gleichzeitig wurde besprochen, wie wichtig es sei, Herrn Steffen immer wieder deutlich zu machen, dass er seine einmal getroffenen Entscheidungen jederzeit revidieren könne. Dazu sollten entsprechende Kontakte zu ihm immer wieder gesucht werden und geprüft werden, ob die einmal getroffenen Entscheidungen auch jetzt noch stimmten oder neu festgelegt werden müssten. Eine regelmäßige Überprüfung der Schmerzsituation und der Stimmungslage gehören ohnehin zum Standard des Umgangs mit Menschen in der letzten Lebensphase.

Das Herrn Steffen unterbreitete Angebot einer Ehrenamtlichen des Palliative Care-Dienstes wurde zwar aufrechterhalten, von dem Kranken jedoch als unakzeptabel abgelehnt.

Durch die Intervention der Palliative Care-Pflegekraft konnte die Handlungskompetenz des Teams des Pflegedienstes erweitert und gestärkt werden, insbesondere was die palliative Begleitung des Betroffenen betraf einschließlich rechtlicher und ethischer Fragestellungen. Die Palliative Care-Pflegekraft konnte das Team des Pflegedienstes unterstützen in der Begleitung der letzten Lebenswochen von Herrn Steffen. Er verstarb – ohne dass eine der gefürchteten Komplikationen eingetreten wäre – ohne Schmerzen sehr friedlich und in Würde."[34]

[34] Fischle-Brendel et al. (2005)

3. Sterbehilfediskussion in Deutschland und Europa

Das Thema Sterbehilfe ist weltweit ein Thema, zumindest in den so genannten „entwickelten", industrialisierten Ländern: In Entwicklungsländern ist es vielfach zynisch, von Sterbehilfe zu sprechen, wenn die medizinische Grundversorgung für einen Großteil der Bevölkerung nicht sichergestellt ist. Wir differenzieren, wenn wir von Sterbehilfe sprechen.

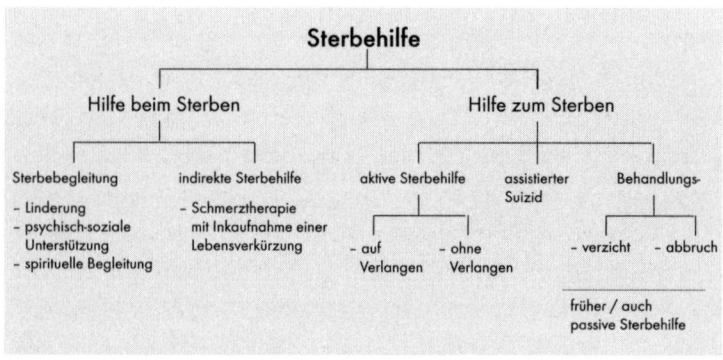

Abb. 2: Zuordnung und Kategorisierung von Begriffen innerhalb der Sterbehilfediskussion

Die Sterbebegleitung, die Praxis von Palliative Care, ist Pflicht aller Heilberufe und Leistung einer solidarischen Gesellschaft. Die Hospizbewegung hat sich dieser Aufgabe ebenso verschrieben wie die vielen im Bereich der Palliative Care beruflich Tätigen: Mediziner, Pflegekräfte, Sozialarbeiter und Seelsorger. Es ist noch keineswegs selbstverständlich, dass allen Menschen und in allen Regionen Palliative Care, der fachliche und menschliche Mantel der Fürsorglichkeit und

Schmerzlinderung, angeboten werden kann und entsprechende Infrastrukturen und Kompetenznetzwerke zur Verfügung stehen. In diesem Sinne ist es die Aufgabe und das Anliegen eines modernen Gesundheits- und Sozialwesens, Sterbebegleitung und Hilfe beim Sterben sicherzustellen. Durch die gute Begleitung Sterbender, durch eine entfaltete palliative Praxis kann die Lebensqualität Sterbender gefördert werden. Das gilt auch für die Schmerztherapie, im engeren Sinne die palliativmedizinische Behandlung. In den meisten Fällen lässt sich heute durch die moderne Schmerztherapie und durch ein entfaltetes Schmerzmanagement der physische Schmerz eindämmen und erträglich machen – nicht immer, aber doch überwiegend, nämlich in ca. 93-98 Prozent der Fälle[35]. Eine gute Schmerztherapie verkürzt das Leben nicht, sie fördert die Lebensqualität sowohl für den Sterbenden als auch für diejenigen, die ihm nahe sind. Von indirekter Sterbehilfe* spricht man dann, wenn im Rahmen der Schmerztherapie und der so genannten „Terminalen Sedierung"* in Kauf genommen wird, dass der Patient früher verstirbt, als es der Krankheitsverlauf ohne die Gabe starker Beruhigungsmittel geschehen ließe. Die Herbeiführung des Todes ist dabei nicht das Ziel der Medikamentengabe. Sie wird aber billigend in Kauf genommen, da man den Beschwerden anders nicht mehr Herr werden kann. Diese so genannte indirekte Sterbehilfe ist in Deutschland, aber auch in den meisten anderen europäischen Ländern, straffrei. Die Grenze zur aktiven Tötung, zur so genannten aktiven Euthanasie*, auch direkte Sterbehilfe genannt, ist dabei allerdings fließend. Wir wissen, dass die Gabe einer Überdosis Morphin nicht selten bewusst gewählt wird, um den Tod herbeizuführen. Hierfür gibt es auch zahlreiche Begründungen: Man will

---

[35] Husebø, S./ Klaschik, E. (2006)

dem Leiden ein Ende setzen und tut es mit den Mitteln, aber auch in der Begrifflichkeit der Schmerztherapie. Genau diese aktive Tötung, sei es nun ohne oder auf Verlangen, ist in Deutschland und in den meisten anderen europäischen Ländern unter Strafe gestellt. Eine Tötung ohne Verlangen stellt sich als Mord oder Totschlag dar. Sie kennt eine gesonderte Strafvorschrift, den § 216 StGB. Auch in Deutschland gibt es Stimmen, zumindest die Tötung auf Verlangen zu legalisieren. Über 80 Prozent der 40-60-Jährigen der Bevölkerung sind der Meinung, man solle eine entsprechende Regelung auch in Deutschland einführen.[36]

Wie wird Sterbehilfe bewertet?
Sterbehilfe i. S. der niederländ. Regierung

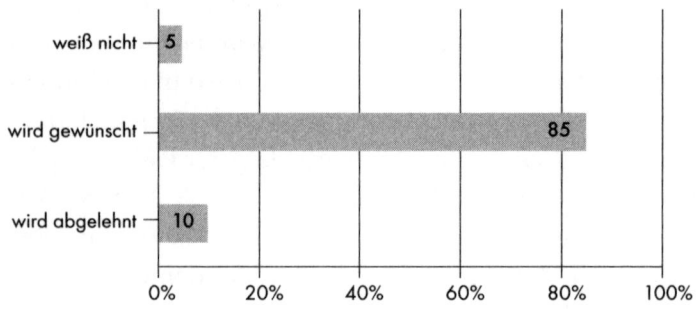

Abb. 3: Blinkert, B./ Klie, Th. (2004): Ergebnisse zum Thema „Euthanasie"

Im Ausland ist sie bekannt, etwa in den Niederlanden oder in Belgien. Wir kennen auch in Deutschland Tötungshandlungen bei Sterbenden und Todgeweihten. Zur aktiven Tötung gehört für Juristen auch der bewusste Verzicht auf eine an sich gebotene und auch gewünschte, bzw. indizierte aber verweigerte Heilbehandlung. Der Behandlungsabbruch

---

[36] Blinkert, B./Klie, Th. (2004)

oder -verzicht, im klinischen Alltag eine alltägliche Entscheidungssituation, kennt nicht immer die aktive Einbeziehung des Patienten oder seines/seiner gesetzlichen oder rechtlichen Vertreter/s.[37] Empirische Studien zeigen, wie stumm und ohne Gespräch entsprechende Entscheidungen oftmals getroffen werden.[38] Von der aktiven Tötung, der aktiven Euthanasie, wird die Nichtbehandlung in der Version des Behandlungsverzichtes und des Behandlungsabbruches abgegrenzt: „Ich möchte nicht behandelt werden", „Ich verzichte auf eine weitere Operation, auf die Intubation und die Notfallversorgung", „Ich wünsche, dass die Behandlung, die bereits begonnen wurde, nicht weitergeführt wird". Bei der Nichtbehandlung ist zu differenzieren zwischen einer an sich ärztlich indizierten Heilbehandlung und einer nach dem Stand der Künste zumindest nicht als notwendig und den ärztlichen Leitlinien entsprechend einzustufenden Behandlung. Noch alles zu versuchen, was ärztlich und medizinisch möglich ist oder sich auf das zu beschränken, was zur Regelversorgung in einer bestimmten Krankheitssituation gehört, das ist dann die Frage. Hier werden künftig Versicherungsstatus und der Umfang des Versicherungsschutzes bedeutsam sein. Bereits heute spielt der soziale Status sowie das Alter des Patienten eine große Rolle, ob eine Behandlung erwogen wird oder nicht.

Wir wissen davon, wie viel Geld für einen 60-Jährigen in der terminalen Phase ausgegeben wird und wie viel für einen 80- oder 90-Jährigen.

Auch die Sterbekosten könnten zukünftig eine Rolle spielen. Internationale empirische Studien zeigen unisono, dass sich der Hauptteil der über die gesamte Lebenszeit anfallen-

---

[37] Wehkamp, K.-H. (1998, 2001); Klie, Th./Spatz, J. (2005)
[38] a.a.O.

den Gesundheitsausgaben eines Menschen auf die letzten Jahre bzw. Monaten vor dessen Ableben konzentriert – unabhängig vom Alter, in dem der Tod eintritt.[39] Der letzte Lebensmonat verschlingt in der Regel 40% der Behandlungskosten des letzten Lebensjahres. Die meisten Kosten entstehen dabei in der stationären Versorgung (etwa 80%). Die Sterbekosten sind in jungen Jahren und für Frauen tendenziell höher als für Menschen in höheren Lebensalter und für Männer: Die höchsten Sterbekosten zeigen sich bei Frauen in der Altersgruppe der 20- bis 29-Jährigen mit etwa 37.000 Euro pro Sterbefall, in der Gruppe der 50- bis 60-Jährigen liegen sie noch bei 26.000 Euro und im Alter zwischen 75 bis 80 Jahren bei 15.000 Euro und bei über 90-Jährigen bei etwa 5.000 Euro.[40]

Der Behandlungsverzicht und der Behandlungsabbruch sind rechtlich betrachtet jeweils abhängig von der Willensentscheidung des Patienten oder der Entscheidung des gesetzlichen Betreuers oder Bevollmächtigten, der im Sinne des Patienten für ihn zu entscheiden hat. Den Angehörigen kommt in Deutschland kein gesetzliches Vertretungsrecht zu, anders als in Österreich seit dem Sommer 2007. Gerade bei der Frage des Behandlungsverzichts und des Behandlungsabbruchs sind die so genannten Patientenverfügungen* wichtig. In ihnen lege ich für die Zukunft fest, wie entschieden werden soll, wenn ich aktuell meinen Willen nicht mehr äußern kann. Der Behandlungsabbruch sowie der -verzicht, früher auch gern passive Sterbehilfe genannt, ist nicht von Strafe bedroht, es sei denn, der Wille des Patienten wird übergangen. Eine weitere Kategorie rechtlicher Art ist der so genannte assistierte Suizid. Hier nimmt ein zum Freitod

[39] Raitano, M. (2006)
[40] Czypionka, Th. et al. (2007)

bereiter Mensch die Hilfe eines anderen in Anspruch, z. B. das Besorgen und die Zusammenstellung des Giftes oder der zum Tode führenden Medikamente. In der juristischen Sprache muss der zum Freitod bereite und willige Mensch die Tatherrschaft bis zum Ende behalten, er muss selber die Medikamente zu sich nehmen oder den Mechanismus der Applikation auslösen.

Im September 2007 sorgte ein eigens für den Zweck der Selbsttötung entworfener Apparat für Schlagzeilen:

„Das Gerät ist klein und grün wie die Farbe der Hoffnung. Doch mit Hoffnung hat der „Sterbehilfe-Automat", den der ehemalige Hamburger Justizsenator Roger Kusch diese Woche präsentierte, nichts zu tun. Die Maschine ist für Menschen gedacht, die sich aufgegeben haben."[41]

Mit einem einfachen Knopfdruck können sich Sterbewillige selbst eine tödliche Injektion verabreichen – eine Information, die in Hamburg natürlich für gewaltigen Wirbel sorgte. Doch wie Nina Hardenberg weiter ausführt, ist Kusch nicht der Erste, der über die Idee eines Sterbehilfe-Automaten nachdenkt:

„Der Arzt Philip Nitschke entwickelte in den 90er Jahren in Australien eine Maschine, die Patienten per Computerbefehl eine tödliche Injektion verabreichte. Vier Menschen nahmen sich auf diese Weise ihr Leben, bevor die australische Regierung die Gesetze änderte und die assistierten Selbsttötungen verbot."

---

[41] Bericht von Nina von Hardenberg in der Süddeutschen Zeitung vom 7.9.2007

Auch in Deutschland bleibt der assistierte Suizid straffrei, allerdings fehlt es in Deutschland an Regelungen, die für diejenigen, die Assistenz anbieten, Straffreiheit garantieren, wie dies etwa in der Schweiz der Fall ist, wenn ein bestimmtes Regularium – die Meldung des assistierten Suizids bei der Staatsanwaltschaft eingehalten wird. In Deutschland bleibt es insbesondere eine Straftat, Medikamente zur Verfügung zu stellen, da damit gegen das einschlägige Arzneimittelgesetz verstoßen wird: Arzneimittel dürfen nur in den Verkehr gebracht werden, um die zugelassenen Heilbehandlungsziele zu erreichen, und zu diesen zählt nicht die Herbeiführung des Todes. Auch das ärztliche Standesrecht steht in Deutschland der Beihilfe zum Suizid* entgegen.

In diesem Tableau der Sterbehilfekategorien gibt es manche Abgrenzungsfragen: Kann sich etwa der Behandlungsabbruch auch als aktive Tötung darstellen, als aktive Euthanasie? Wann wird die indirekte Sterbehilfe, die hohe Morphindosis mit der Inkaufnahme der Lebensverkürzung zur Tötung auf Verlangen oder gar zur Tötung ohne Verlangen? Die Grenzen sind bisweilen fließend. Das unterstreicht die Notwendigkeit, sich sowohl ethisch als auch juristisch über die Tragweite und Bedeutung der jeweils zu treffenden Entscheidung ins Bild zu setzen. Dies gilt umso mehr, als sogar bei den Ärzten eine große Unsicherheit besteht, wie sie denn ihr ärztliches Tun oder Unterlassen juristisch einzuordnen haben. Die Welt der juristischen Kategorien und Termini ist ihnen ebenso eine fremde Welt, wie für Juristen die diagnostische und therapeutische Fachsprache der Ärzte. Hier sind Übersetzungsleistungen notwendig und die Verständigung über Berufsgruppengrenzen hinweg, auch mit den Bürgerinnen und Bürgern.

Blicken wir ins europäische Ausland, zeigt sich ein buntes Bild an Regelungen, Rechtssprechungen und Entscheidungsprozeduren. Wobei es noch die Ausnahme ist, dass die Rechtsordnungen das, was wir als aktive Tötung bezeichnen – aktive Euthanasie zulassen. Dies ist in Belgien der Fall, in dem so genannten belgischen Euthanasiegesetz vom 28. Mai 2002. Gibt eine Bürgerin oder ein Bürger eine schriftliche Erklärung ab, mit der er eine medizinische Handlung ablehnt, ist diese bindend, wenn er sie nicht widerruft. Das Gleiche gilt für Willensäußerungen, die auf aktive Sterbehilfe hinauslaufen. Ebenso verhält es sich in den Niederlanden, auch hier ist der schriftlich geäußerte Behandlungsverzicht grundsätzlich bindend und es können auch Willensäußerungen verbindlich festgelegt werden, die auf aktive Sterbehilfe hinauslaufen: Hier allerdings in einer vorgeschriebenen Prozedur – unter Einschaltung nicht mit der Behandlung betrauter Ärzte.

In anderen Ländern Europas ist bislang die aktive Sterbehilfe nicht zugelassen. Es finden sich aber eine Reihe von Ländern, die inzwischen Regelungen zu so genannten Patientenverfügungen haben. Das ist etwa in Dänemark seit 1998 der Fall. Dort gibt es Standardformulare, die zwei anzukreuzende Alternativen vorgeben: Der Verzicht auf lebensverlängernde Behandlung in einer unmittelbaren Sterbesituation und der Verzicht auf lebensverlängernde Behandlung bei fortgeschrittener Demenz, nach einem Unfall oder einem Herzstillstand, wenn diese mit einer schweren Behinderung und der Unfähigkeit einhergehen, sich zukünftig um sich selbst zu kümmern. Auch Spanien verfügt seit 2002 über eine gesetzliche Regelung zur Patientenverfügung. Diese Regelung sieht nicht nur die Verbindlichkeit von Patientenverfügungen vor, sondern auch den Umgang mit den Organen. Dabei wird es in Spanien den Regionen überlassen, wie sie die Regelung zur formalen Gestaltung und den Wirksamkeitsvoraussetzungen ausbuchstabieren. Manche Regionen sehen die Einschaltung von Notaren vor oder die Mitunterzeichnung von nicht in verwandtschaftlicher Beziehung stehender Personen. Auch Österreich verfügt seit 2006 über eine gesetzliche Regelung und unterscheidet zwischen den verbindlichen und den beachtlichen Patientenverfügungen. Die verbindlichen werden unter Hinzuziehung eines Arztes, eines Patientenanwaltes oder eines Rechtsanwaltes aufgestellt, die beachtlichen sind an keine weiteren Voraussetzungen gebunden, entfalten aber nicht die gleiche Bindungswirkung wie die so genannten verbindlichen. In anderen Ländern sind Patientenverfügungen auch bekannt, es fehlt aber an spezifischen gesetzlichen Regelungen. In Frankreich spielen die Familie und andere Vertrauenspersonen eine vergleichsweise große Rolle, wenn es um die Frage geht: Behandlungsabbruch oder -verzicht, wenn der Patient selbst nicht mehr entscheiden kann. Über die Verbindlichkeit von Patientenverfügungen wurde in Frankreich bisher noch keine endgültige Klarheit hergestellt. In Großbritannien, das ein Rechtssystem auf der „Case Law" – auf der Fallrechtsebene – kennt, hat sich die rechtliche Verbindlichkeit von Patientenverfügungen weithin durchgesetzt, allerdings unter strengen Voraussetzungen, dass der Verfügende die eingetretene Situation antizipiert hat. Dabei spielt in Großbritannien der paternalistische Ansatz, der „best interest" eine große Rolle: Dreh- und Angelpunkt über den Abbruch oder die Nichtaufnahme einer medizinischen Behandlung bildet die Ermittlung und Würdigung des „besten Interesses" eines entscheidungsunfähigen Patienten. Welche Person darf aber die besten Interessen des Patienten festsetzen und auf welcher Basis hat diese Festsetzung zu erfolgen? Hier kommt die Justiz ins Spiel. Auf der untergesetzlichen Ebene kennt man in den Regionen in Großbritannien so genannte „code of practice"*, die sich auch auf Patientenverfügungen und ihre Verbindlichkeit beziehen. In Schweden und der Schweiz wird über gesetzliche Regelungen zu Patientenverfügungen diskutiert. Die Konkretisierung der Festlegungen spielt für die Frage der Verbindlichkeit eine große Rolle. In Deutschland ist die Diskussion um Patientenverfügungen, die sich auf die Kategorien Behandlungsverzicht und –abbruch beziehen, in vollem Gange. Während die katholische Kirche sich generell gegen eine gesetzliche Regelung ausspricht, hat sich die evangelische Kirche für eine solche ausgesprochen. Unter den Befürwortern wird vor allen Dingen über die Frage gestritten, ob eine Patientenverfügung auch für Patienten im Wachkoma und Menschen mit Demenz ihre Wirkung entfalten soll. Auch über die Frage der Verbindlichkeit von Beratung wird diskutiert, über Formerfordernisse und die Einschaltung der Vormundschaftsgerichtsbarkeit in Konfliktfällen.

Wie soll man sich zur rechtlichen Rahmung der Sterbehilfe stellen?

So wichtig die Diskussion auf der einen Seite ist, führt sie doch zu einer aktiveren Auseinandersetzung mit Fragen des Sterbens in breiten Teilen der Bevölkerung, so unangemessen scheint uns zum Teil die Verlagerung der Diskussion um die Sterbehilfe in juristische Dispute. Warnen möchten wir vor den Bestrebungen, auch die aktive Sterbehilfe gesetzlich zu legalisieren. Dafür gibt es in Deutschland aktuell keinen Anlass, keine Initiative, die die Chance auf Mehrheiten im Deutschen Bundestag hätte. Gleichwohl bestätigen die Demoskopen, dass ein Großteil der Bevölkerung offen wäre für eine entsprechende Regelung, wie sie etwa in den Niederlanden und in Belgien verabschiedet wurde.

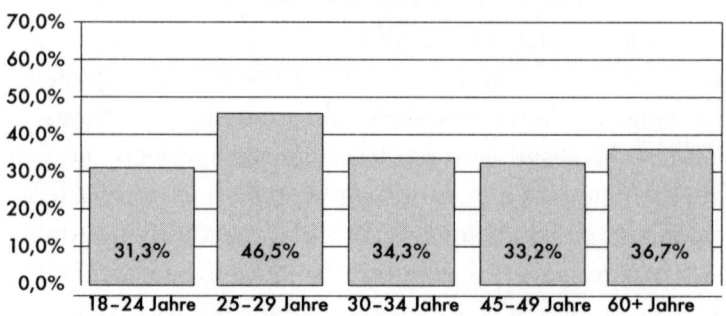

Befürwortung der aktiven Sterbehilfe
in Abhängigkeit des Alters

Abb. 4: Deutsche Hospiz Stiftung (2000), Befragung unter N=1007 zur Befürwortung der aktiven Sterbehilfe

In den Niederlanden ist nach dem dortigen Euthanasiegesetz die aktive Tötung erlaubt, wenn der Arzt
- zu der Überzeugung gelangt ist, dass der Patient seine Bitte freiwillig und nach reiflicher Überlegung gestellt hat;
- dass der Zustand des Patienten aussichtslos und sein Leiden unerträglich ist;
- den Patienten über dessen Situation und dessen Aussichten aufgeklärt hat;
- gemeinsam mit dem Patienten zu der Überzeugung gelangt ist, dass es für dessen Situation keine andere annehmbare Lösung gibt;
- mindestens ein anderer unabhängiger Arzt zu Rate gezogen wurde, der den Patienten untersucht und schriftlich zu den genannten Sorgfaltskriterien Stellung genommen hat;
- und bei der Lebensbeendigung oder bei der Hilfe zur Selbsttötung mit medizinischer Sorgfalt vorgegangen wird.

Die Unheilbarkeit der Krankheit ist dabei kein Kriterium, außerdem ist die Euthanasie bei psychisch Erkrankten nicht mehr ausgeschlossen. Auch bei Minderjährigen ist sie möglich. Nach den Erfahrungen in den Niederlanden können wir nur dringend vor einer entsprechenden Legalisierung in Deutschland warnen. Mit Michael Wunder sehen wir sowohl den niederländischen als auch den belgischen Versuch, die Euthanasie durch die Legalisierung einzudämmen, als gescheitert an. Wird die Tötung auf Verlangen zur legalen medizinischen Behandlung erklärt, ändert das nicht nur die Mentalität der Mediziner und Pflegekräfte, sondern auch die Erwartungshaltung innerhalb der Bevölkerung. Die Belastung der Angehörigen, die Unterstellung einer nicht mehr als zuträglich angesehenen Lebensqualität wird damit zum Anlass und zur Legitimation für die Tötung auf Verlangen. Sie wird dann zur Tötung ohne Verlangen. Warum soll eine Person nur deshalb länger leiden und ihr die „barmherzige" Tötung vorenthalten werden, wenn sie sich nicht mehr äußern kann? Gilt das Prinzip der Gleichbehandlung auch in der Euthanasie?

Auch wenn die Forderung nach einer Legalisierung von aktiver Euthanasie in Deutschland derzeit nicht auf der Tagesordnung steht, ist sie untergründig virulent. Sie wird im Wesentlichen mit drei Argumenten begründet:

1. Das Selbstbestimmungsrecht, das in unserer Verfassung über allem steht, muss auch den Wunsch respektieren, angesichts unerträglicher Schmerzen oder eines nicht mehr als lebenswert empfundenen Lebens, dem Leben aktiv ein Ende zu setzen.

   Diese Argumentation ist in Deutschland insbesondere vor dem Hintergrund der „Lebenswert-Diskussion" im Nationalsozialismus hochproblematisch und beschwört Gefahren herauf, die mit ersichtlich in der Gesellschaft verbliebenen Vorstellungen von lebenswerten und lebensunwerten Leben verbunden sind: Bis hinein in die Diskussion um Rationierung des Gesundheitswesens und Aspekten der Lebensqualität als Indikatoren für Weiterbehandlung – Ja oder Nein – wirken diese Gefahren eines Lebenswert-Disputes. Überdies schafft die Möglichkeit der aktiven Sterbehilfe einen gesellschaftlichen Druck, der insbesondere auf pflegebedürftige Menschen wirken kann, den eigenen Tod in Anspruch zu nehmen, um anderen Menschen nicht mehr zur Last zu fallen.

2. Das Verbot der aktiven Sterbehilfe schränke in antiliberaler Weise die Autonomie des Patienten ein. Dieses Argument wird angeführt, übergeht aber die vielfältigen psychologischen Erkenntnisse gerade im Zusammenhang mit der Suizidthematik. So wissen wir, dass der Wunsch nach aktiver Sterbehilfe in den meisten Fällen keine freie Entscheidung widerspiegelt, eher ausdrückt, dass der betroffene Mensch in seiner Situation nicht mehr zurechtkommt. Autonomie und Unerträglichkeit des Leidens, passt dieses zueinander? Entspringt nicht der Wunsch, getötet zu werden, gerade einer Extremsituation, die alles andere begünstigt als Souveränität, besonnene Überlegung und Selbstbestimmung?

3. Ein drittes Argument ist ökonomischer Natur. Durch den Verzicht auf unnötige lebenserhaltende Maßnahmen werden nicht zu rechtfertigende Ausgaben eingespart. Hier geht es explizit um Rationierung. Ein solches Argument ist aber nicht vereinbar mit ärztlicher Ethik, nicht vereinbar mit palliativen Grundhaltungen und überschätzt darüber hinaus den gesundheitsökonomischen Effekt.

Die aktive Sterbehilfe würde überdies aus sozialmoralischer Perspektive mit Gefahrenpotentialen verbunden sein:

– Das berufliche Selbstverständnis von Ärzten und Pflegekräften könnte langfristig Schaden nehmen.

- Das Vertrauensverhältnis zwischen Patient, Arzt und Pflegendem würde beeinträchtigt.
- Es bestünde die Gefahr, dass Patienten gedrängt werden, entsprechende Maßnahmen nachzufragen.
- Die aktive Sterbehilfe könnte in eine unkontrollierte Praxis der Mitleidstötung ohne Verlangen münden.

Gerade bei der aktiven Euthanasie zeigt sich der „Januskopf" von Selbst- und Fremdbestimmung. Hier gilt der vom ehemaligen Bundespräsidenten Johannes Rau zitierte Satz: „Wo das Weiterleben nur eine von zwei legalen Optionen ist, wird jeder rechenschaftspflichtig, der anderen die Last seines Weiterlebens aufbürdet." Die Legalisierung der aktiven Euthanasie verändert die Moral einer Gesellschaft. Hier liegt aus unserer Sicht die größte Gefahr. Die Auseinandersetzungen um den Behandlungsabbruch und den Behandlungsverzicht bleibt uns nicht erspart. Diese ist aber fundamental anders angelegt, als die Diskussion um die aktive Tötungshandlung. Ein unausweichliches Sterben durch Unterlassung medizinischer Maßnahmen nicht unnötig zu verlängern, stellt sich als eine ganz andere Frage dar als die, ein Leben zu beenden, weil dieses von den Betroffenen oder anderen für nicht mehr lebenswert gehalten wird und dies auch dann, wenn Heilung und Besserung möglich wären. Bei der Frage des Behandlungsverzichtes und des Behandlungsabbruches liegt die ethische und fachliche Herausforderung für die Tragfähigkeit der Entscheidung in der Qualität der Aushandlung zwischen den Beteiligten. Dabei kommt es zentral auf den Willen des Patienten an, den er in der spezifischen Situation zu äußern in der Lage ist. Wenn ihm dies nicht mehr möglich ist, ist zu fragen, wie er durch stellvertretende Deutung der Angehörigen, Ärzte, Pflegekräfte und Freunde rekonstruiert werden kann. Das Ringen um die richtige Entscheidung steht im Vordergrund aller ethischen und letztlich auch aller juristischen sowie fachlichen Bemühungen. In diesem Ringen drückt sich die Bedeutung des und die Beziehung zu dem Sterbenden aus und wird gelebt. Wir meinen durchaus, dass Patientenverfügungen hier hilfreich sein können. Vor allem dann, wenn sie Hinweise enthalten, wie die Entscheidung getroffen werden soll und unter Beteiligung von wem – vom Hausarzt, von Angehörigen, von Freunden. Nur in wenigen Fällen lässt sich das „was" genau bestimmen, also welche Entscheidung getroffen werden soll. Dazu müssen der Krankheitsverlauf und die zu Gebote stehenden Alternativen feststehen und den Patienten auch bekannt sein. Manchen Menschen mag eine solche Vorwegnahme möglich sein, auch ein inneres Bedürfnis. Die meisten Menschen haben aber schlicht Angst vor bestimmten Umständen des Sterbens und möchten sie durch eine Patientenverfügung ausgeschlossen wissen. Dies sind Reaktionen auf eine in Deutschland mehr oder minder entfaltete Palliative Care-Kultur in Kliniken und Heimen. Es bedarf weniger einer gesetzlichen Regelung für Patientenverfügungen, durch die auf derartige Angst machende Situationen reagiert wird, als vielmehr des Ausbaus einer palliativen Infrastruktur und der Etablierung einer palliativen Kultur in Deutschland. Davon lenkt eine verrechtlichte Diskussion um die Sterbehilfe eher ab. Aus diesem Grunde meinen wir, ohne uns generell gegen Patientenverfügungen zu wenden, sollte man auf eine gesetzliche Regelung von Patientenverfügungen in Deutschland verzichten. Sie sendet zweifelhafte Signale aus: „Du kannst vorsorgen, dass du dein Leben mit schwerer Demenz und Pflegebedarf nicht leben musst, das keine Lebensqualität mehr verspricht", „Du kannst vorsorgen, anderen zur Last zu fallen, der Gesellschaft insgesamt aber auch deiner Familie". Sollst du sogar vorsorgen? Die Autonomie, die Freiheit des Menschen ist auch mit einem Sollen verbunden. Das ist seit der Aufklärung bekannt.

2,5 Prozent der deutschen Bevölkerung machen derzeit aktiv Gebrauch von einer Patientenverfügung.[42] Für sie und einige andere reicht unseres Erachtens die durch das Richterrecht herausgearbeitete rechtliche Verbindlichkeit aus. Mehr Signale bedarf es nicht. Es bedarf auch nicht noch mehr der Verlagerung der Diskussion um das Sterben auf eine versachlichte und verrechtlichte Ebene.

Sterbebegleitung und Patientenverfügung – Exkurs

Die aktuellen Diskussionen in vielen europäischen Ländern über gesetzliche Regelungen zur Verbindlichkeit von Patientenverfügungen stehen im Kontrast zu der Aussagekraft und der Patientenverfügungen zugedachten Bedeutungen aus der Sicht von Bürgerinnen und Bürgern. Dies macht die lesenswerte Studie von Sahm deutlich, der hinter die demoskopische Fassade der Akzeptanz von Patientenverfügungen in seiner Untersuchung blickt.[43] Mit sieben Stichworten lässt sich die Untersuchung von Sahm zusammenfassen:

1. Perspektivwechsel
Bei Patientenverfügungen gehen wir davon aus, dass der einmal niedergelegte Wille stabil ist, dass er sich auch bei einem veränderten Gesundheitszustand prinzipiell nicht ändert. Die Erhebungen von Sahm zeigen nun, dass ein Wechsel der Perspektive und eine Änderung der Behandlungswünsche bei schwerwiegenden Erkrankungen eher wahrschein-

---

[42] Schröder, C. / Schmutzer, G./ Brähler, E. (2002)
[43] Sahm, S. (2006)

lich sind. Patientenverfügungen, die in gesunden Tagen verfasst werden, müssen daher in ihrer Verbindlichkeit immer wieder hinterfragt werden. Dem entspricht, dass gerade Angehörige medizinischer Berufe eine Tendenz haben, sich in Fragen künstlicher Beatmung, Chemotherapie oder Dialyse nicht festzulegen. Die Untersuchungen von Sahm verweisen auch darauf, dass unzureichende Kenntnisse die Entscheidungen über Behandlungswünsche beeinflussen. Er zeigt dies am Beispiel der intravenösen Flüssigkeitsgabe: Diese ist nicht generell und in allen Fällen sinnvoll oder sinnlos. Gleichwohl wird sie von einer Mehrzahl offenbar gewünscht, weil die Annahme verbreitet ist, dass gerade das Durstgefühl am Lebensende immer quälend sei. Dem Durstgefühl lässt sich aber gerade auf andere Weise begegnen als durch intravenöse Infusionen.

2. Patientenverfügungen als Hilferuf

Die Befunde von Sahm zeigen, dass nicht nur der Gesundheitszustand Einfluss auf die Behandlungswünsche hat. Auch und gerade die soziale Situation spielt eine erhebliche Rolle. Menschen, die in sozialer Ausgrenzung leben, einsam und isoliert sind, lehnen lebenserhaltende Maßnahmen gehäuft ab. Das bedeutet, dass Einsamkeit und Verlust des sozialen Netzwerkes wesentliche Faktoren bei der Entscheidungsfindung sind. Diese Erkenntnisse von Sahm stehen in Übereinstimmung mit den Befunden aus den USA. Im Bundesstaat Oregon ist der assistierte Suizid straffrei. Die Faktoren „Vereinsamung" und „Trennung" werden dort besonders häufig mit dem Wunsch nach Hilfe bei der Selbsttötung assoziiert. Genau diese Personengruppe – der sozial Isolierten – lehnt in ihren Patientenverfügungen lebenserhaltende Maßnahmen eher ab. Sahm deutet dies so, dass Patientenverfügungen dann vornehmlich ein Instrument der Kommunikation seien.

3. Geringe Akzeptanz von Patientenverfügungen

In Deutschland haben nur 2,5 Prozent der Erwachsenen eine Patientenverfügung aufgesetzt. Selbst bei Tumorpatienten sind es nur 3 Prozent. In den USA, mit einer hohen Werbungsverpflichtung für Patientenverfügungen durch die Gesundheitsberufe, liegt der Anteil zwischen 10-20 Prozent. Selbst unter den Pflegenden und Ärzten hierzulande halten nur 50–68 Prozent das Thema für bedeutsam. Bei Männern und Menschen mit niedriger formaler Bildung ist die Motivation besonders gering, sich mit dem Thema Patientenverfügung überhaupt zu befassen. So ist Skepsis geboten, dass es gelingen könnte, den Anteil der Personen in der Bevölkerung deutlich zu steigern, die eine Patientenverfügung abfassen. Erhebungen aus den USA zeigen, dass Patientenverfügungen als Instrument bei der Lösung ethischer Konflikte nur eine sehr begrenzte Bedeutung besitzen. Sahm kommt zu dem Schluss, dass der niedrige Verbreitungsgrad von Patientenverfügungen und die Unwahrscheinlichkeit, diesen Verbreitungsgrad relevant steigern zu können, es notwendig mache, über Alternativen nachzudenken.

4. Diskrepanz zwischen Einstellung und tatsächlichem Handeln

Viele Befragte der Sahm-Studie äußerten die Absicht, eine Patientenverfügung abzufassen, nur wenige unterschreiben sie jedoch schließlich. Viele erwarten, dass sie von Ärztinnen und Ärzten darauf angesprochen werden. Ärztinnen und Ärzte erleben jedoch in einem nennenswerten Umfang das Gespräch hierüber eher als unangenehm und fühlen sich dem Thema wenig gewachsen. Es zeigt sich aus der Sicht der Patienten, dass bei ihnen das Kommunikationsmotiv im Vordergrund zu stehen scheint, dies aber wenig Platz hat in der klinischen und hausärztlichen Realität.

5. Vorbehalte

In der Sahm-Studie zeigen sich erhebliche Vorbehalte gegenüber Patientenverfügungen bei den Befragten. Insbesondere wird deren Missbrauch gefürchtet und dass Menschen zur Abfassung von Patientenverfügungen gedrängt werden könnten. 50 Prozent der Befragten haben Angst, dass Angehörige aufgrund fehlender Interpretation auf einen Therapieabbruch drängen könnten, der von den Betroffenen gar nicht gewünscht wird. Ein Drittel der Befragten fürchtet, dass die Instruktionen einer Patientenverfügung diktatorisch befolgt werden könnten, selbst wenn die medizinische Prognose eine Behandlung nahe legt. Eine große Mehrheit der Befragten wünschte, dass im Falle akuter Erkrankung oder entsprechender Entscheidungsunfähigkeit des Betroffenen, Entscheidungen über die Behandlung gemeinsam von Angehörigen und Ärzten getroffen werden. Offenbar wünscht man sich, dass medizinische Kompetenz einerseits und persönliche Wertekompetenz andererseits zusammenwirken. Nur eine Minderheit kann sich eine alleinige Entscheidung durch Angehörige vorstellen. Offenbar zeigen Tod und Sterben eine Grenze der Autonomie auf, meint Sahm.

6. Geringer Einfluss auf den Krankheitsverlauf

Aus der Literatur ist bekannt, dass Patientenverfügungen im In- und Ausland einen begrenzten Einfluss auf den Krankheitsverlauf und die Behandlung haben. Die Missachtung von Patientenverfügungen liegt häufig in ihrer Unbestimmtheit und der Schwierigkeit, sie auf die aktuelle Situation anzuwenden. Auch wurde eine große Variabilität der Interpretation durch Pflegende und Ärzte festgestellt. Ein zusätzliches Problem besteht darin, dass es schwer ist, den Zeitpunkt für das Einsetzen einer Patientenverfügung (Lebensende) festzustellen. Ärzte wissen oft nicht, ob dieser Zeitpunkt gekommen ist (die mittlere Prognose von Patienten mit Herzversagen am Tag vor ihrem Tod lässt ein Überleben für weitere sechs Monate in 50 Prozent der Fälle annehmen!). Es besteht also eine erhebliche Diskrepanz zwischen der subjektiven Einschätzung der Befragten zu Patientenverfügungen und deren objektiv geringer Bedeutung in der medizinischen Praxis. Die hohe Akzeptanz von Patientenverfügungen bei demoskopischen Umfragen könnte auch durch die Wahrnehmung einer sozialen Erwünschtheit provoziert sein. Auch die positiven Umfrageergebnisse dokumentieren eher die Tatsache, dass das Thema allgemein für bedeutsam gehalten wird, nicht jedoch, dass Patentverfügungen als solche akzeptiert sind.

7. Lebenserhaltung gegen den verfügten Willen

Wenn es um die Entscheidung über Leben und Tod einer anderen Person geht, plädiert die Mehrzahl der von Sahm Befragten gegen die Beachtung der Instruktionen in einer Patientenverfügung, die einen Tod zur Folge hätte und für die Lebenserhaltung (nur bei Alleinlebenden scheint dies anders zu sein: Auch hier besteht wieder eine Beziehung zwischen Isolation des Betroffenen und der Tendenz sich gegen die Lebenserhaltung zu entscheiden). 50 Prozent der Befragten wollen auch einen Menschen im Wachkoma noch ernährt wissen (40 Prozent der Pflegenden sind allerdings für die Ablehnung der Sondenernährung, bei den Ärzten sind es nur etwa 15 Prozent). Ein Motiv, Patientenverfügungen eine hohe Verbindlichkeit durch den Gesetzgeber zukommen zu lassen, wird in der politischen Diskussion darin gesehen, dass Pflegepersonal und Ärzten unterstellt wird, dass sie normalerweise dieses Instrument nicht ernst nehmen würden. Die Studie von Sahm zeigt jedoch, dass diese Personengruppe den Patientenverfügungen eine höhere Verbindlichkeit zuschreibt als die Kontrollgruppe von Kranken und Gesunden. Möglicherweise versprechen sich gerade Ärztinnen und Ärzte durch Patientenverfügungen eine Entlastung von ihrer Verantwortung? Konfrontiert mit der Wucht der Verantwortung, votiert die Mehrheit von Patienten und Gesunden für die Lebenserhaltung, selbst wenn Patientenverfügungen vorliegen, in denen das Gegenteil gefordert wird. Dies steht im Gegensatz zu den repräsentativen Umfragen, die sich durch ihre Oberflächlichkeit von der Sahm-Studie unterscheiden. Bei intensiven Befragungen, wie sie Sahm vorgenommen hat, tritt die ethische Dimension der Entscheidungen stärker in den Vordergrund. Dabei zeigt sich, dass Personen eine Deutung der Instruktionen ihrer Patientenverfügungen wünschen und nicht eine strikte Befolgung. Nach der Studie von Sahm könnte gerade eine hohe Verbindlichkeit von Patientenverfügungen künftig Bürgerinnen und Bürger davon abhalten, eine Patientenverfügung zu verfassen, weil dies gar nicht in ihrer Intention liegt.

8. Schlussfolgerung

In Kliniken, in der hausärztlichen Versorgung, aber auch in Heimen, ist – so Sahm – eine Praxis gefragt, die der Deutung überlieferter Behandlungswünsche im Kontext der Situation angemessen Raum lässt und sich nicht auf die bloße Befolgung von Instruktionen in einer Verfügung beschränkt.

4. Von den Grenzen des Regelbaren oder: „War es recht?"

Die Diskussion um die Verbindlichkeit von Patientenverfügungen dominiert in den letzten Jahren den Disput um die Sterbehilfe. Das gilt sowohl für Österreich, wo im Jahre 2006 ein Gesetz über Patientenverfügungen verabschiedet wurde, als auch aktuell für Deutschland und die Diskussion um eine gesetzliche Regelung über die Verbindlichkeit von Patientenverfügungen. Damit soll nicht nur Rechtssicherheit geschaffen werden, sondern auch die Aufforderung, sich rechtzeitig und verbindlich Gedanken zu machen, welche Entscheidungen man am Ende des Lebens treffen möchte. Es wird eine Auseinandersetzung mit dem Tod und Sterben provoziert, die ihn weniger in seiner Unbegreiflichkeit sieht, sondern in seiner juristischen Beherrschbarkeit durch autonome Entscheidungssetzung. Nun ist es sicherlich richtig und wichtig, sich auch mit den letzten Dingen rechtzeitig zu beschäftigen. Patientenverfügungen können so auch als didaktisches Mittel verstanden werden, sich mit Fragen des Sterbens und des Todes auseinanderzusetzen. So verstanden macht die Propagierung von Patientenverfügungen Sinn, im Übrigen völlig unabhängig vom Ergebnis der Auseinandersetzung: Vielleicht verzichtet man bewusst und entschieden darauf, eine Patientenverfügung zu verfassen. Wir müssen in unserer Gesellschaft sicherstellen, dass Menschen sich auch dann gut versorgt wissen können, wenn sie keine Vorabverfügung getroffen haben.[44]

---

[44] Klie, Th./ Bauer, A. (2005)

Gerade wenn sie Menschen haben, die für sie eintreten, die sich darum bemühen, sie auch in der letzten Phase ihres Lebens zu verstehen, wird man in ihrem Sinne entscheiden. Diejenigen, die über keine Freunde, Verwandte und ihnen nahe stehende Menschen verfügen, die sich auch persönlich und als Advokat für sie einsetzen, wenn es um die letzten Dinge geht, denen nützen Patientenverfügung und Festlegung wenig: Sie müssen in der Kommunikation, im Gespräch, in der Interaktion zur Geltung gebracht werden und das verlangt immer personalen Einsatz und Tätigwerden.

Genau für diese können Festlegungen, können gemeinsam geteilte Überlegungen hilfreich und entlastend sein, wenn schwierige Entscheidungen zu treffen sind. Handele ich im Sinne meiner Frau, wenn ich einer PEG-Sondenlegung zustimme? Mein Mann ist in ein Apallisches Syndrom gefallen, wie entscheide ich in seinem Sinne? Das Gespräch über den möglichen Tod, „der uns stets umfängt", kann uns eine Grundlage dafür schaffen, schwierige Entscheidungen zu treffen. Sie beruhen auf der Basis errungener Verständigung. Gerade dann, wenn unterschiedliche Sichtweisen und Entscheidungen möglich und jeweils begründbar sind, können Gedanken und Überlegungen, auch Festlegungen desjenigen, um dessen Sterben es geht, hilfreich sein und auch Frieden stiften: Vor allem zwischen all denen, die die Verantwortung für die letzten Entscheidungen tragen. Patientenverfügungen und andere Willensfestlegungen können wichtige Orientierung und Maßgabe für Ärzte, Pflegekräfte, Angehörige und gesetzliche Betreuer sein. Was aber kann ich regeln? Zunächst können Festlegungen getroffen werden, die sich auf bestimmte Heilbehandlungsmaßnahmen beziehen: Ich möchte, dass diese oder jene Maßnahme nicht oder in jedem Fall eingeleitet wird und diese und jene beendet werden. Hier liegt an sich der Kern des Inhalts von Patientenverfügungen und des dort scheinbar Regelbaren. Nur: Was kann ich im Vorfeld über die in Zukunft indizierten Heilbehandlungsmaßnahmen äußern? Ich kann mich mit Fragen des Wachkomas in seinen verschiedenen Variationen auseinandersetzen. „Will ich unter diesen Bedingungen noch leben, Kosten verursachen, das Leben meiner Angehörigen binden?" Dazu kann ich mich heute äußern, zum Beispiel so: „Ich möchte, dass nach sechs Monaten der versuchten Rehabilitation und der dann erfolgten Feststellung, es sei weithin aussichtslos, dass ich wieder zu Bewusstsein gelange, dass jede Weiterbehandlung, aber auch Ernährung eingestellt wird." Dies sage ich jedoch heute als Gesunder, der sich mit dem Wesen des Wachkomas vielleicht nie wirklich auseinandergesetzt hat. Und was ist, wenn ich als Wachkoma-Patient ganz anders empfinde und andere Signale aussende? Bei der Wachkomathematik und der Erstreckungsmöglichkeit von Patientenverfügungen auf solche Situationen scheiden sich die Geister in der deutschen Diskussion um die Verbindlichkeit von Patientenverfügungen. Allerdings ist es nicht das Wachkoma, was uns als sehr wahrscheinliche Zukunft am Ende des Lebens bevorsteht. Man mag sich – bezogen auf das Wachkoma – so oder so entscheiden, man kommt in jedem Fall in die Aporie*, um einen unauflösbaren Widerspruch nicht hinweg: Was ist maßgeblicher, die Entscheidung eines vernunftgeleiteten Subjektes, des Menschen in gesunden Tagen, oder das rekonstruierbare Erleben eines Menschen, der sich nicht mehr äußern kann und gegebenenfalls im klassischen Sinne von Vernunft auch sich selbst nicht begreift?[45] Ähnliches gilt für Menschen mit Demenz.

Traugott Roser berichtet über den Fall eines australischen Geschäftsmannes, der mit 50 in einer Patientenverfügung

---
[45] Rosenow, R. (2005)

festlegt, bei mittelschwerer Demenz nicht mehr ernährt werden zu wollen, auch dann nicht, wenn er dies wünschen würde. „Ich möchte nicht, dass meine Äußerungen als Demenzkranker maßgeblich für mich gelten sollen". Kann ich eine solche Festlegung treffen, indem ich mich zum Opfer meiner selbst in der Zukunft mache? All diesen vorweg genommenen Extremsituationen haftet etwas Spekulatives an. Das Spekulative wird dann verlassen, wenn mir ein bestimmter Krankheitsverlauf vor Augen steht, ich über ihn informiert wurde und mir die Folgen der Behandlung und Nichtbehandlung vor Augen geführt wurden und in der Tat meine Entscheidung gefragt ist. Dann ist meine Entscheidung maßgeblich und ich kann sie auch für den Fall verbindlich festlegen, dass ich nicht mehr bei Bewusstsein bin. All die, die für mich und meine Behandlung Mitverantwortung tragen, werden immer ein Auge darauf haben (müssen), ob ich etwas anderes zum Ausdruck bringe, als ich damals festgelegt habe. Allerdings in Respekt vor meiner einmal festgelegten Willensäußerung, diese oder jene Behandlung nicht mehr zu wollen. Grundsätzlich ist dabei zu beachten: Patientenverfügungen werden zumeist aufgesetzt, ohne dass ein ganz konkreter Krankheitsbezug vorliegt. Umso wichtiger ist es dann zu fragen, was mit ihnen vermutlich zum Ausdruck gebracht werden soll. Immerhin hat dieser Mensch sich mit Entscheidungen am Lebensende auseinandergesetzt und sich hoffentlich mit seinem Arzt und Angehörigen darüber beraten, so dass sie über die Patientenverfügung hinaus etwas über seine Wertvorstellung und über seine Entscheidungspräferenzen sagen können. Darauf kommt es dann an, gegebenenfalls nicht so sehr auf das formularmäßig Festgelegte. Patientenverfügungen können aber auch andere Inhalte haben, etwa klare Vorgaben, wer bei einer dilemmatischen Entscheidungssituation hinzugezogen werden sollte: Der Hausarzt, bestimmte Angehörige, Freunde, so dies möglich ist gemeinsam. Das kann ich regeln und auch verbindlich sagen: „Bevollmächtigter, gesetzlicher Betreuer oder behandelnder Arzt, bevor eine endgültige Entscheidung getroffen wird, zieht meinen Hausarzt, meine Angehörigen, die ich benannt habe, hinzu, wenn sie denn können. Ich möchte, dass eine solche Entscheidung im Dialog vorbereitet, nicht von einer Person einsam getroffen wird". Das kann hilfreich sein, wenn ein Setting, eine Situation geschaffen wird, in der sich alle Beteiligten zusammenfinden, um gemeinsam eine schwierige und endgültige Entscheidung zu treffen und sie gemeinsam zu tragen. Das ist ja auch der höhere Sinn der Einschaltung eines Vormundschaftsgerichtes: Ihm kommt eine Art Supervisions*-, eine Moderations- und Mediationsfunktion* zu, allerdings gebunden an die Werte unserer Rechtsordnung. Das Vormundschaftsgericht trifft nicht die letzte Entscheidung aus eigenem Gutdünken, sondern schafft eine Situation, in der die Verantwortung für Entscheidungen reflektiert und geteilt wird.

Wenn wir ehrlich sind, klingen solche Verabredungen und Festlegungen gut und schön. Wir wissen aber, dass die wenigsten Menschen mit einer solchen Absicht Patientenverfügungen aufsetzen und wir wissen, dass Entscheidungen am Lebensende häufig ganz anders als in Ruhe und gut besetzten Konsilien getroffen werden. Manche Kliniken thematisieren die Patientenverfügung, versuchen Ärzte, Pflegekräfte und Patienten sowie gesetzliche Betreuer miteinander ins Gespräch zu bringen und das hat einen Effekt: Man spricht anders als sonst über Fragen des Behandlungsverzichts und des Behandlungsabbruchs. Das ist gut so, qualifiziert die Entscheidung und verstärkt das Vertrauen ineinander. Auch im Pflegeheim kennen wir entsprechende Projekte, in denen die Auseinandersetzung über die Möglichkeiten der Behandlung und des Behandlungsverzichts offen erörtert werden. Aber es wird eine Minderheit bleiben. Patientenverfügungen sind ein Mittelschichtsphänomen. Es gehört schon eine enorme Abstraktionsfähigkeit dazu, sich in einer fremden Sprache, nämlich der des Rechtes, mit den letzten Dingen, die wir nie ganz begreifen werden, auseinanderzusetzen. Und will man, wie etwa in den USA, erreichen, dass 10-20 Prozent der Bevölkerung Patientenverfügungen unterschreiben, ist das ein Kommunikationsziel, das gegebenenfalls seine Anliegen verrät: Kann man doch nicht davon ausgehen, dass die Menschen in genau dieser Weise Entscheidungen vorbereiten und verbindlich niederlegen wollen. Wir verstehen hier noch nicht recht, warum sich die evangelische Kirche so eindeutig für eine gesetzliche Regelung von Patientenverfügungen ausgesprochen hat. Sie müsste doch über die Ritualfunktion von Patientenverfügungen ebenso Bescheid wissen wie über die Grenzen des Regelbaren, als die Verrechtlichung von Fragen am Lebensende zu ihrer Aufgabe zu erklären. Angemessener erscheint uns doch die Position der katholischen Kirche, die sich zurückhält in der Bewertung von Patientenverfügungen und eine gesetzliche Regelung nicht für notwendig erachtet.

„War es recht?" Die Frage werden wir nicht mehr beantwortet bekommen. Sie verblasst in ihrer Bedeutung ex post, wenn ein Mensch gestorben ist. Nicht, dass wir einem Sigmund Freud oder Walter Jens absprechen wollen, dass sie ihre Autonomie auch bis in den Tod hinein leben, inszenieren und durchsetzen können. Es ist ihr gutes Recht. Sie gehören zu den großen Persönlichkeiten der Zeitgeschichte. Das schafft aber auch Differenz: Zu all denjenigen, die aus unterschiedlichen Gründen einen solchen Weg nicht gehen wollen und können.

Was nützen vorsorgliche Verfügungen für das Lebensende?

Der Gedanke an das eigene Lebensende macht den meisten Menschen Angst. Zwar ist uns die Angst vor dem Tod nicht immer bewusst, dennoch wirkt sie in den Tiefen unseres Unbewussten, wie die Sozialpsychologie in vielen Studien immer wieder belegen konnte.[46] Weit bewusster ist den Menschen des 21. Jahrhunderts die Angst vor der Zeit, die dem Tod unmittelbar vorausgeht: die Angst vor dem Sterben. Diese Angst wird vor allem geschürt durch: Die Angst vor Vernachlässigung und Respektlosigkeit, die Angst vor Schmerzen und anderen körperlichen Beschwerden und schließlich die Angst davor, anderen zur Last zu fallen. Dies zeigt, dass diese Ängste einen *Beziehungsaspekt* haben. Dies stellt in Vordergrund, dass dahinter vielfach die Angst verborgen ist, am Lebensende nicht mehr selbst über sich bestimmen zu können, sondern von den Helfenden dominiert zu werden. Wie berechtigt diese Sorge im Alltag sein kann, zeigen Untersuchungen in Pflegeheimen und Krankenhäusern[47].

Angst will bewältigt werden, sonst droht sie uns in unserer Handlungsfähigkeit, vielleicht sogar in unserer Lebensfähigkeit wesentlich einzuschränken. Zu den besonders populär gewordenen Bewältigungsstrategien gegenüber der Angst vor dem Sterben gehören die Vorsorgeverfügungen, von denen die Patientenverfügung vermutlich den höchsten Bekanntheitsgrad besitzt. Auch die Politik hat sich dieses Themas inzwischen mit großem Engagement angenommen[48], das auch in der Öffentlichkeit seither lebhaft und oft kontrovers diskutiert wird.

---

[46] Becker, E. (1987); Ochsmann, R. (1993)
[47] vgl. Klie, Th./ Lipp, J. (2005)
[48] Enquete-Kommission Ethik und Recht der modernen Medizin (2004)

Dabei geht es juristisch vor allem um drei Fragen:

1. Kann eine Patientenverfügung so präzise formuliert werden, dass später auch ganz klar ist, was der nicht mehr äußerungsfähige Sterbenskranke will?
2. Wie lange hat der einmal geäußerte Wille über den Zeitpunkt der (schriftlichen) Äußerung hinaus Bestand und damit zusammenhängend:
3. Soll der in der Patientenverfügung festgelegte Wille auch dann gelten, wenn der Sterbeprozess noch nicht begonnen hat, sondern „nur" eine chronische Krankheit besteht?

In den hierzu heftig geführten Diskussionen drohte der Aspekt der grundsätzlichen Nützlichkeit von Vorausverfügungen bisweilen fast unterzugehen. Schaut man sich die Vorzüge einer solchen Verfügung an, entdeckt man, dass ihre Nützlichkeit vor allem in dem *Prozess* liegt, der zu ihrer Erstellung führt[49]:

1. Wollen wir eine Patientenverfügung aufstellen, zwingt uns dies dazu, das eigene Lebensende überhaupt erst einmal in den Blick zu nehmen, das derzeitige Leben unter dem Aspekt seiner Endlichkeit zu bedenken. Und ist es nicht gerade diese Endlichkeit, die unserer aktuellen Lebensweise ihren Sinn gibt und ein Maßstab dafür sein kann, was wir *heute* mit unserem Leben anfangen wollen?

2. Wenn wir dann noch den zweiten wichtigen Schritt tun und unsere Gedanken, Vorstellungen und Wünsche mit einer Person unseres Vertrauens diskutieren, dann haben

---

[49] Klie, Th./ Student, J.-C. (2001)

wir zugleich einen entscheidenden Beitrag dazu geleistet, dass unsere Wünsche und Absichten eines Tages verstanden und realisiert werden. Dann gibt es einen Menschen, der unsere Intentionen verstanden hat und sie nicht nur aus vieldeutigem schriftlichem Material erschließt. – Solche Gespräche sind zwar zunächst beunruhigend, schaffen aber, wo sie geführt werden, vertiefte Beziehungen und bauen Vertrauen zwischen Menschen.

3. Schließlich sollten wir das bis hierher Erarbeitete schriftlich niederlegen. (Dann handelt es sich dabei um eine Patientenverfügung im engeren Sinne.)

4. Jetzt aber sollten wir noch einen weiteren, ergänzenden Schritt tun, der über die Patientenverfügung hinausreicht (und hier erweist sich das Recht als äußerst hilfreich): Indem wir nämlich den Menschen unseres Vertrauens auch mit den nötigen Rechtsinstrumenten ausstatten – um unserem Willen auch zur Geltung zu verhelfen, ihm die entsprechende Macht zu geben – indem wir eine *Vorsorgevollmacht** ausstellen: Ein rechtsverbindliches Schriftstück also, das erklärt, dass wir unter definierten Bedingungen alle Entscheidungen in die Hand eines namentlich genannten Dritten legen.

So einleuchtend dieses Vorgehen auf den ersten Blick wirken mag, so sehr wird zugleich die Schwierigkeit bei der Umsetzung deutlich, wenn wir den zweiten und insbesondere den vierten Schritt bei diesem Vorgehen genauer betrachten. Die hier alles entscheidende Frage lautet nämlich: Gibt es in unserem Umfeld einen Menschen, dem wir vertrauen wollen und können, an unserer Stelle auch dann noch zu sprechen, wenn wir dazu selbst nicht mehr in der

Lage sind? Und damit wird die eigentliche Dimension der Problematik deutlich. Wir benötigen von uns selbst her genügend Fähigkeit, Vertrauen zu schenken (und zwar ein sehr weit gehendes Vertrauen) und wir brauchen den vertrauenswürdigen Menschen zu dem gegebenen Zeitpunkt am Lebensende. Dies wird in einer Zeit, in der Beziehungen aus verschiedensten Gründen immer brüchiger werden, kein leichtes Unterfangen sein. Das liegt nicht an der Medizin, nicht am Recht, sondern ganz allein an uns und unserem Verhalten. Wenn wir hier Defizite haben, wird uns kein Gericht und kein Gesetz wirklich helfen können.

Und was hat an dieser Stelle das Recht zu bieten? Es ist bemerkenswert, wie sich Juristen darin versuchen, mit rechtlichen Konstrukten dem sozialen Defizit des Vertrauensverlustes und der Bindungsarmut abzuhelfen. So schlagen sie z. B. vor, der Patientenverfügung *absolute* Geltung zu verschaffen: Was immer dort schwarz auf weiß niedergelegt sei, soll seine Geltung auch im Zustand der Bewusstseinseinschränkung behalten[50]. Das leuchtet in seiner Wucht zunächst ein und hat etwas Überzeugendes – und es braucht dazu keinen vertrauten Dritten! Andererseits verzichten solcherart entstandene Patientenverfügungen auf den hilfreichen Dialog mit Dritten, was unpräzisen und damit letztlich unwirksamen Formulierungen Tür und Tor öffnet.

Aber ist uns mit solcher Fixierung der Patientenverfügung wirklich gedient?

Grundsätzliche Zweifel an der Nützlichkeit solcher Verabsolutierung von Patientenverfügungen kommen aber in erster Linie von Psychologen, die fragen, ob solch eine Gleichsetzung des einmal geäußerten Willens mit dem ak-

---

[50] Enquete-Kommission Ethik und Recht der modernen Medizin (2004)

tuellen Willen im Zustand der Bewusstseinstrübung nicht sogar letztlich das Gewaltsamste ist, was uns angetan werden kann.

1. Zunächst einmal ist es fast ausgeschlossen, einen bestimmten Willen exakt genug im Voraus zu formulieren. (Ein nachdenklich stimmendes Beispiel sind hier die Versuche von Parlamentariern, eindeutige Gesetzestexte zu formulieren.) Zugleich wird dabei deutlich, dass bei solchen Formulierungsversuchen natürlich all jene benachteiligt sind, die über unzureichende Erfahrungen mit schriftlichen Willensformulierungen verfügen – vermutlich die Mehrheit der Bevölkerung. Der vielfach vorgeschlagene Weg, Patientenverfügungsformulare zu verwenden, führt eher noch weiter in die Irre. Genau diese sind ja nicht in der Lage, die individuellen und konkret auf die Situation abgestellten Willensäußerungen zu tragen.

2. Hinzu kommt, dass exakte Planungen – und seien sie auch nur für den nächsten Tag – für uns Menschen ein nahezu unerreichbares Bemühen darstellen. Schon alleine deshalb, weil wir mit unserer Fantasie gar nicht präzise genug in die Zukunft reichen können. Hier widerspricht psychologische Realität den juristischen Wunschvorstellungen. Wie schwer fällt es bereits *heute*, Festlegungen für den *morgigen* Tag zu treffen. Wie oft werden da unsere Pläne durch Änderungen innerer wie äußerer Rahmenbedingungen schnell ad absurdum geführt? Da brauchte es wahrhaft hellsichtiger Fähigkeiten, um klare Vorausentscheidungen zu fällen. Die Sozialpsychologen haben in vielen Experimenten gezeigt, wie wenige Fähigkeiten wir in diese Richtung besitzen. Viel eher gilt da Brechts Song aus der Dreigroschenoper: „Ja, mach nur einen Plan/ Sei nur

ein großes Licht! Und mach dann noch 'nen zweiten Plan/ Geh' n tun sie beide nicht."[51]

3. Noch schwerer gelingt es uns Menschen, solche Voraus- planungen zu treffen, wenn es sich dabei um Situationen handelt, in denen die Rahmenbedingungen weit weniger kalkulierbar sind: Die meisten von uns sind eben noch nie in Todesnähe gewesen – und schon gar nicht im Zu- stand der Bewusstseinseinschränkung; wie könnten wir uns realitätsnah in einen solchen Zustand hineinfantasie- ren? Wie wenig nützlich hier die oft postulierten ärztlichen Aufklärungsgespräche sind, ergibt sich schon aus der Tat- sache, dass dabei auch immer subjektive Einschätzungen des Aufklärenden beeinflussend einfließen und die ärzt- liche Beratung in diesem Zusammenhang wenig effektiv zu sein scheint.

4. Hiermit im Zusammenhang stehen Kenntnisse darüber, wie wenig konstant unsere Wünsche im Lebensverlauf sind – selbst im Zustand vollkommener Bewusstheit und Einwilligungsfähigkeit[52].

Was vielleicht eher helfen kann – und damit kommen wir auf zuvor Erwähntes zurück – ist ein Mensch, der uns und unsere Einstellung gut genug kennt, um mit uns unseren Weg zu gehen und dann zu spüren, was jetzt und hier gera- de „dran ist". Ein Mensch also, der unsere Einstellungen und Wünsche auf neue, nicht vorhersehbare Rahmenbedingun- gen anwenden kann – hoffentlich in unserem Sinne. Damit er dies gegenüber unwissenden Dritten durchsetzen kann,

---

[51] Brecht, B. (1968), S. 77
[52] Danis, M., et al. (1994)

dazu haben uns nun wiederum die Juristen ein probates Werkzeug an die Hand gegeben, nämlich die schon erwähnte *Vorsorgevollmacht*.

Noch schwieriger als in den bisher skizzierten Situationen wird die Sache dann, wenn wir Vorausverfügungen mittels Patientenverfügung für den *Fall einer schweren, lange Zeit fortbestehenden Veränderung unseres Bewusstseins* treffen wollen, insbesondere bei einer Demenz[53] oder einem Wachkoma[54]. Viele Juristen würden dann am liebsten von einem Willenskontinuum ausgehen: Also der Annahme, dass das, was vor dem Koma galt, auch noch im Koma gilt, dass das, was vor der Demenz galt, auch nach ihrem Ausbruch gilt. Ist dies aber nicht aus psychologischer und anthropologischer Sicht naiv? Gewiss ist, dass einige meiner Persönlichkeitsmerkmale auch das Eintauchen in Koma oder Demenz überdauern werden. Wir sind in dieser Seins-Form weder weniger noch mehr; wir sind schlicht anders.

Ebenso sicher aber ist auch, dass ein wesentlicher Teil meiner Person gewissermaßen neu „erfunden" wird, sich neu konstellieren wird. Im Koma und in der Demenz bin ich *per definitionem* ein anderer: Ich habe Fähigkeiten und Möglichkeiten verloren – aber ich habe auch andere neu hinzugewonnen[55]. Kann ich heute für diesen anderen wirklich Verfügungen treffen, in der Hoffnung, diesem anderen morgen damit etwas Gutes zu tun? Hierin liegt eine entscheidende Relativierung aller Aussagen einer Patientenverfügung.

Ist es da nicht realistischer auf Menschen zu hoffen, die uns

---

[53] Wojnar, J. (2006)
[54] Zieger, A. (2006b)
[55] Bienstein, C./ Fröhlich, A. (1994)

jetzt gut genug kennen und schätzen – und die *dann* auch Interesse verspüren, uns in der neuen Gestalt kennen zu lernen und zu erkunden und uns bei der Rekonstruktion unseres (neuen) Ichs zu unterstützen? Erst dann können wir hoffen (mehr allerdings auch nicht, nur hoffen!), dass sie im einfühlsamen Dialog[56] mit diesem neuen Ich herausfinden, was wir brauchen, was wir uns wünschen, was uns gut tut – unter Einbeziehung einer bestehenden Patientenverfügung. Der Respekt vor dieser neuen menschlichen Identität verlangt es, dass ich sie nicht mit den Wünschen der „alten" menschlichen Identität vergewaltige. Dieser Respekt ist es, der uns Würde gibt – auch und gerade im Koma und auch und gerade in der Demenz.

Jede konkrete Vorausverfügung, die dies nicht berücksichtigt, vergewaltigt diesen neu entstanden Menschen – oder entwertet ihn. Diese Entwertung findet in manchen medizinisch-juristischen Diskussionen tatsächlich faktisch statt, obgleich das Gegenteil gemeint ist. Das hat Auswirkungen. Wenn wir nicht bereit sind, uns selbst oder einen anderen in reduziertem intellektuellen Zustand für voll zu nehmen, nicht bereit sind, die neu entstandene Identität als wesentlich menschliche Lebensform anzuerkennen, sprechen wir es dann nicht latent auch denen ab, die primär in eingeschränkter Intellektualität leben: nämlich den geistig behinderten Menschen. Und wenn wir diese Art von „Werte-Diskussion" führen, sind wir dann nicht allzu rasch wieder bei der Frage des „Lebens*un*werten"?

Wenn wir selbst von Bewusstseinseinschränkungen betroffen sind, können wir den Respekt vor der neuen Person, die

---

[56] Zieger, A. (2006b)

wir dann sind, in ihrer neuen Identität nicht alleine herstellen. Wir sind auf andere angewiesen, die in dieser Situation minutiös unsere neuen Wünsche und Absichten zu erkunden und zu erkennen versuchen (auf der Basis von intimer Kenntnis unserer früheren Seinsweise) und an beruflich Helfende vermitteln. Wir brauchen also als Betroffene beim Einzug in das neue Land des Komas oder der Demenz Dolmetscher, die uns in das Land der so genannten Gesunden „hinübersetzen" – und dabei offen für Zweifel an der Richtigkeit des Erfahrenen bleiben. Denn dass auch hier keineswegs eine absolute Sicherheit besteht, dass unsere „tatsächlichen" Wünsche berücksichtigt werden, zeigen uns ebenfalls psychologische Studien[57]. Aber hier besteht wenigstens die Chance eines einfühlsamen, wenn auch womöglich fehlgehenden Bemühens, das in sich wenigstens den Kern eines würdigen Umganges mit dem Bewusstseinsgetrübten enthält.

Was bedeutet das nun für die Vorsorge fürs Lebensende? Wir brauchen nicht *mehr* Vorsorge im Sinne des von Kommunikationsforschern zu Recht kritisierten „mehr-desselben-Prinzips"[58] – schon gar nicht mehr rechtliche Vorsorge. Was wir brauchen, ist *eine andere Art* der Vorsorge, die auf *Beziehungsstiftung* abhebt. Unser Leben hat nur in Beziehungen die Chance, ganz und heil zu werden und so bleibt es auch in unserem Sterben. Gesetzliche Absicherungen alleine geben bestenfalls eine Scheinsicherheit, die spätestens dann zerbricht, wenn der „Ernstfall" eintritt. Zugespitzt könnte man sagen: Rechtliche Regelungen zur Patientenverfügung, die über die derzeitig bestehenden Bestimmungen hinaus-

[57] Coppola et al. (2001)
[58] Watzlawick, P. /Weakland, J. H./ Fisch, R. (1979), S. 58f., 105

reichen, sind bestenfalls „Opium fürs Volk" indem sie eine Sicherheit vorgaukeln, die nicht wirklich einzulösen ist. Im Gegenteil: Sie bergen sogar in sich die nicht unerhebliche Gefährdung in Richtung auf eine schleichende Euthanasie[59]. Auch die derzeit gültigen Regelungen sind natürlich weit davon entfernt, Sicherheit zu geben. Dies aber liegt in der Natur der Sache. Der Tod ist nun einmal die ultimative Unsicherheit in unserem Leben. Immerhin kann das Aufsetzen einer Patientenverfügung in den oben geschilderten vier Schritten wenigstens die Chance erhöhen, dass es am Lebensende zu keiner Vergewaltigung des bewusstseinsgetrübten Sterbenskranken kommt oder gar des bewusstseinsgetrübten behinderten Menschen (bei Koma und Demenz).

---

[59] Student, J.-C. (2004)

5. Tatort – Pflegeheim und gesellschaftliche Mitverantwortung

Die Sprache der Skandalmeldungen über Missstände in Pflegeheimen stimmt hoffnungslos: Wir wissen angesichts der demografischen Entwicklung, dass wir Mühe haben werden, den Status Quo zu erhalten.

Ich mach' Frau Blömann mit einem Wisch auch gleich mit sauber!

Zeichnung: Madeleine Viol

Die finanzielle Stabilität der Pflegeversicherung in Deutschland beruht zentral auf der unerwartet hohen Familienpflegebereitschaft. Bei aller partiellen Berechtigung von Forderungen nach einer besseren finanziellen Ausstattung der Pflegeversicherung – wenn man die Sicherung von Würde und Zuversicht im Sterben abhängig macht von der finanziellen Ausstattung der Heime sowie der Bezahlung von Pflegefachkräften – wird man kaum etwas an einer unzureichenden Pflegesituation ändern, zumindest nicht allein. Es ist auch die Mitverantwortung solidarischer Bürgerinnen und Bürger als Mitbürgerinnen und Mitbürger die für die Lebenssituation in Heimen gefragt. Das baden-württembergischen Projekt „BELA-Bürgerschaftliches Engagement und Lebensqualität im Alter"[60] zeigt exemplarisch, wie Bürgerinnen und Bürger sich für Lebensqualität, unter anderem auch bei der Sterbebegleitung in Heimen engagieren. Im Heilbronner Qualitätsverbund wurden die Qualitätsmaßstäbe, die für die Heime gelten, gemeinsam mit Bürgerinnen und Bürgern erarbeitet und breit diskutiert.[61] Das ist noch nicht überall selbstverständlich, könnte und sollte es allerdings werden. In British Columbia werden zehn Prozent der Heimbewohner von Freiwilligen besucht und interviewt bzw. beobachtet, wie es um Aspekte ihrer Lebensqualität bestellt ist. Wir wissen, dort wo sich Menschen engagieren, in Pflegeheimen, in Krankenhäusern, aber auch in der häuslichen Pflege, steht es in aller Regel mit der Versorgung und mit der subjektiv erlebten Lebensqualität besser als in anderen Einrichtungen. Woran liegt das? Doch nicht daran, dass Freiwillige die Arbeit der Hauptamtlichen erledigen. Das dürfen sie nicht, das sollen sie auch nicht. Es ist gerade angesichts der neuen Wissensbestände Professionalität gefragt. Sie können aber sensibel sein für Menschenrechtsgefährdung, für „blinde Flecken" in Einrichtungen und sie können personale Solidarität leben mit den

---

[60] www.bela-bw.de
[61] Heilbronn Landratsamt (2006)

Pflegebedürftigen, mit ihnen in Beziehung treten, für sie Bedeutung haben und umgekehrt. Es ist gelebte Teilhabe an der Gesellschaft. Durch die Überbetonung der Erwerbswelt verlieren wir Pflegebedürftige, Hochbetagte und vielfach auch Kinder aus dem Blick. Wenn wir immer häufiger alleine leben, wenn die Mobilität abnimmt, wenn die Vorstellungen über Tod und Sterben stärker voneinander abweichen, gerade dann sind unter Menschen Wahlverwandtschaften gefragt, sind kommunale Netzwerke bedeutsam, die dort, wo ich lebe, verfügbar sind: Auf die ich bauen kann, von denen ich getragen werde. Der Markt kann nicht alles, der Staat ist in seinen Mitteln begrenzt. Man spricht heute vom Pflege- und Betreuungsmix (engl. Welfare Mix)[62]. Der Staat ist verantwortlich für Sozialleistungen, die Familie für die tägliche Hilfe, der Markt bietet qualitätsgesicherte Dienstleistungen und Ehrenamtliche spenden Zeit und Zuwendung. Wer so funktioniert, ist eine Zivilgesellschaft. „Take Care" heißt im Englischen: fürsorgliche Aufforderung für sich selbst zu sorgen. „Take care" ist als Haltung, auch als gelebte Mitsorge um den anderen gefragt, als angemessene Haltung in einer Zeit, in der Pflegeaufgaben neu vergesellschaftet werden müssen. Das gilt nicht nur für die Pflegeaufgaben sondern – wie der 7. Familienbericht verdeutlicht[63]– auch für die Begleitung und Erziehung von Kindern: „Who cares?" ist eine der zentralen Fragen in der modernen Gesellschaft, die sich sowohl Kinder leisten als auch Hochbetagten einen Platz geben will und muss. Was heute als Hilfe- oder als Welfaremix[64] bezeichnet wird ist nicht neu. Wir kennen es aus der Kindererziehung, dass Careaufgaben geteilt werden: Die Schule übernimmt den staatlichen Erziehungsauftrag, die

---

[62] Klie, Th./Ross, P.-S. (2005)
[63] Bundesministerium für Familie, Senioren, Frauen und Jugend (2006)
[64] Klie, Th./Ross, P.-S. (2005)

Familie bietet die emotionale Basis für die Entwicklung der Kinder, der Markt hält attraktive und notwendige Angebote vor – von den Schulbüchern bis zum Nachhilfeunterricht. Aber auch ehrenamtliches und bürgerschaftliches Engagement spielen eine zentrale Rolle: Der Sportverein ist nicht ohne das Engagement der Trainer zu denken, eine gute Schule setzt auf die Mitwirkung von Eltern aber auch anderen bürgerschaftlich Engagierten, die Aktivitäten der Kirchengemeinden sind gar nicht denkbar ohne das Engagement von ehrenamtlichen und bürgerschaftlichen Engagement – davon profitieren Kinder.

So haben wir es uns auch in der Pflege vorzustellen: Als Hilfemix in geteilter Verantwortung. Ein Sterbender benötigt mehr als einen Arzt und eine Pflegekraft. Eine der sehr erfreulichen Entwicklungen ist es, dass gerade die Bürgerinnen und Bürger bereit sind sich in bürgerschaftlicher Hinsicht mehr für andere zu engagieren, die sich nicht mehr in traditionellen Familienbildern und –rollen wiederfinden. Wenn es um die Skandale in Pflegeheimen geht, geht es nicht nur um die staatliche Aufsicht – um mehr Pflegekräfte, um höhere Pflegesätze. Auch das sind berechtigte Themen, aber nicht allein. Es geht auch gerade darum, in Pflegeheimen bürgerschaftliche Mitverantwortung zu übernehmen.

Die immer wiederkehrende Berichterstattung über Pflegeheimskandale und ihre Aufbereitung in Talkshows kennt eine zynische Seite: Sie macht die Bürgerinnen und Bürger zu Zuschauern, zu Voyeuren unmenschlicher Zustände. Aufsichtbehörden werden zu strikterem Einschreiten aufgefordert. Wir sind als Bürgerinnen und Bürger auch gefragt, aktiv Mitverantwortung zu übernehmen. Dort wo sich Menschen für Menschen engagieren, dort finden sich auch keine beängstigenden Missstände.

Eine ambulante Palliative Care-Schwester berichtet: „Frau Schmid ist die Tochter des 90-jährigen Herrn Frank, der an Niereninsuffizienz und beginnendem Nierenversagen leidet. Eine Dialyse wird von Herrn Frank und seiner Familie abgelehnt. Frau Schmid nimmt telefonisch Kontakt zum Hospiz auf. Sie berichtet, dass ihr Vater sehr schläfrig und ständig unruhig sei, er möchte aber nicht in ein Krankenhaus. Sie habe Angst, mit ihm alleine zu sein. Ihre Mutter dränge auf eine Krankenhauseinweisung, da sie der Belastung nicht mehr gewachsen sei. Zur Grundpflege komme einmal täglich morgens eine Pflegekraft der Diakoniestation. Frau Schmid möchte in Erfahrung bringen, welche Unterstützungsmöglichkeiten es in ihrer Situation gibt. Ich sage ihr telefonisch zu, gleich zu kommen.

Bei meiner Ankunft öffnet Frau Schmid die Tür der elterlichen Wohnung. Sie bittet mich herein und stellt mir ihre Mutter Frau Frank vor. Um mir einen Eindruck von der Situation in der Familie zu verschaffen, ermutige ich beide Frauen, mir über die derzeitigen Geschehnisse zu berichten. Zunächst erzählt Frau Frank, sie habe gegen 15:00 Uhr, vor dem Anruf im Hospiz, ihren Hausarzt unter seiner privaten Telefonnummer erreicht. Er sei sofort gekommen und habe ein Schmerzmedikament verabreicht. Seine Aussage sei gewesen, ihr Mann würde die nächsten 24 Stunden nicht überleben. Sie sei sehr dankbar, dass sie den langjährigen Hausarzt der Familie erreicht habe. Er habe einen nochmaligen Hausbesuch für den Abend zugesagt und sei, da er in der Nachbarschaft wohne, jederzeit für sie erreichbar. Wegen der Einschätzung ihres Hausarztes, dass ihr Mann bald sterben werde, habe sie ihre Tochter gerufen. Dann hören wir Herrn Frank aus dem Nachbarzimmer husten. Seine Frau begibt sich daraufhin sofort zu ihm. Die Tochter, Frau Schmid, eröffnet mir, dass sie mit ihrer Mutter in ein Streitgespräch wegen der weiteren Versorgung ihres Vaters geraten sei. Sie möchte, dass ihr Vater seinem Wunsche entsprechend zu Hause bleiben könne. Ihre Mutter möchte dagegen, dass er in ein Krankenhaus eingewiesen wird. Sie weint. Ihr Verhältnis zu ihrem Vater sei nach ihrem Empfinden inniger und liebevoller als das zu ihrer Mutter. Sie sei traurig, weil er sterben werde und das Aufwachsen ihres drei Monate alten Sohnes, über dessen Geburt er sich so gefreut habe, nicht mehr erleben werde.

Frau Frank kommt wieder zu unserem Gespräch dazu und ich spüre sofort eine veränderte Gesprächsatmosphäre. Es kommen Vorwürfe der Mutter, sie fühle sich von der Tochter zu wenig entlastet. Sie unterstütze nur den Wunsch ihres Vaters, zu Hause sterben zu wollen, ohne selbst die Situation durch persönliche Anwesenheit zu kennen. Sie sagt, sie selbst habe Angst, sich mit der Pflege zu überfordern, weil sie selbst an Brustkrebs erkrankt sei und körperlich und nervlich am Ende sei. Ich höre der Ehefrau zu und frage dann, was ihr solche Angst mache. „Nachts alleine mit meinem Mann zu sein", antwortet sie, „deshalb wäre es am besten, wenn er ins Krankenhaus kommen würde. Keine Nacht kann ich mehr schlafen." Ich stelle ihr daraufhin die Möglichkeit einer Entlastung für sie durch eine ehrenamtliche Nachtwache des Hospizes vor.

Hier wird das Gespräch mit Frau Frank erneut unterbrochen. Ihr Mann ist wieder unruhig und sie geht zu ihm. – Als ich mit Frau Schmid wieder alleine bin, hat sie folgende Fragen: „Wie kann ich Kontakt zu meinem Vater aufnehmen?" „Hört er mich noch?" „Wie kann ich ihm für alles danke sagen?" „Wie sage ich ihm, dass er sterben wird?" „Muss ich ihm das sagen oder spürt er es selbst?" „Woran merke ich, dass es zu Ende geht?" – Hinter all diesen Fragen spüre ich deutlich ihre Angst und Unsicherheit. Damit ich ihr auf die Frage, wie sie in Kontakt mit ihrem Vater treten könne, eine Antwort geben kann, äußere ich den Wunsch, ihren Vater kennen zu lernen.

Wir gehen gemeinsam zu ihrem Vater. Herr Frank liegt in einem Pflegebett und ist sehr unruhig. Er reagiert auf meine Ansprache und Begrüßung, indem er ein wenig die Augen öffnet. Ich sage ihm, woher ich komme und dass mein Anliegen sei, seine Frau zu unterstützen, damit er, wie er es sich wohl wünsche, zu Hause bleiben könne. Hier wird er spürbar ruhiger. Auf meine Frage, ob er Schmerzen habe, antwortet er mir nicht. Seine Atemzüge sind tief. Die Lippen und die Zunge sind trocken, die Mundschleimhaut feucht. Frau Frank wischt ihrem Mann mit einem kleinen feuchten Baumwolltuch den Mund liebevoll aus. Sie erzählt, dies würde sie seit gestern so machen, weil er mit dem Teelöffel keine Flüssigkeit mehr schlucken könne, ohne sich zu verschlucken. Ich lobe sie für ihre gute Idee mit dem Tuch und wie gut sie auf das veränderte Bedürfnis ihres Mannes reagiert habe. Diese Anerkennung und Wertschätzung in Anwesenheit der Tochter tut ihr spürbar gut. Sie fragt mich dann, was sie gegen die trockene Zunge und die trockenen Lippen tun könne. Bisher habe sie die Lippen mit einem Lippenpflegestift gepflegt, was aber nicht viel gebracht habe. Ich empfehle ihr für die Zunge Olivenöl oder Butter zur Pflege zu nehmen, je nach Vorliebe ihres Mannes und die Lippen mit einer im Haushalt vorhandenen Pflegecreme zu pflegen.

Ich schildere meinen Eindruck, dass Herr Frank meine Worte gehört hat. Dieses Gefühl teilt auch seine Ehefrau. Sie sagt, er sei sichtbar ruhiger geworden, als ich ihn ansprach. Die Tochter ermutige ich dazu, sich bei ihrem Vater zu bedanken, so wie es ihrem Bedürfnis in diesem Moment entspricht. Sie könne auch aussprechen, dass sie sein Sterben traurig mache. Wenn das für sie in diesem Moment nicht stimmig sei, könne sie auch schweigend am Bett sitzen und z. B. den Atemrhythmus ihres Vaters aufnehmen und in Gedanken ihre Gefühle benennen. Beiden Frauen empfehle ich, sich am Krankenbett abzuwechseln, damit sie auch für sich persönlich Zeit zur Regeneration finden. Ich überlasse ihnen eine Broschüre „Die letzten Wochen und Tage"[65], in der einige Antworten auf ihre weiteren Fragen beschrieben seien.

Nach anderthalb Stunden verabschiede ich mich mit der Zusicherung, dass ich für die kommende Nacht eine erfahrene ehrenamtliche Helferin des Hospizes suchen und mit dem Hausarzt Kontakt aufnehmen werde. Am Abend würde ich mich telefonisch noch einmal melden. Sie könnten mich bei Bedarf jederzeit auch in der Nacht telefonisch erreichen.

Zurück im Hospiz suche ich unter unseren Ehrenamtlichen eine in die Familie „passende" Begleiterin. Frau Glaser erklärt sich bereit, die erste Nachtwache zu übernehmen. Weiterhin nehme ich telefonischen Kontakt zu dem Hausarzt auf und informiere ihn darüber, dass die Familie Frank um Unterstützung gebeten habe. Er meint, dass er gegen 21:00 Uhr und morgen früh einen Hausbesuch machen werde. Ich nenne ihm noch meine Telefonnummer und weise auf meine Rufbereitschaft hin. Er bedankt sich für die Information und die Zusammenarbeit.

Am Abend telefoniere ich nochmals mit der Familie. Frau Frank meint, ihr Mann sei jetzt ruhiger und würde nicht mehr so oft rufen. Mein Besuch und das Gespräch hätten ihr gut getan. Eine Nachbarin ist gerade bei ihr und bringe ihr die Einkäufe, die sie tagsüber nicht erledigen konnte. Ich berichte, dass gegen 21:30 Uhr eine Ehrenamtliche zur Nachtwache komme und vereinbare einen Hausbesuch am folgenden Morgen um 9:00 Uhr.

Während meines Hausbesuchs am nächsten Tag berichtet Frau Frank, dass die Nacht sehr ruhig gewesen ist. Sie selbst habe gut geschlafen. Ihre Tochter wolle heute wieder zu ihr kommen.

---

[65] Tausch-Flammer, D./ Bickel, L. (1994)

Momentan sei die Pflegekraft der Diakoniestation da, um ihren Mann zu waschen. Tagsüber wird Frau Frank von ihrer eigenen Schwester unterstützt. Sie wirkt heute entspannter und ruhiger. Der Nachtschlaf hat ihr spürbar gut getan, weshalb ich ihr für die kommende Nacht erneut eine Nachtwache anbiete. Dies nimmt Frau Frank gerne an. Ich frage nach, ob Herr Frank einen seelsorgerischen Begleitwunsch habe und erfahre, dass ihre Schwester bereits mit dem Pastor gesprochen habe und dieser seinen Besuch zugesagt habe. Sie fühle sich von allen Seiten gut unterstützt. Nach der Pflege ist Herr Frank sehr müde und schläft kurz daraufhin ein. Die Pflegekraft der Diakoniestation berichtet, dass der Patient während der Körperpflege einen wacheren Eindruck auf sie gemacht habe als gestern und dass er keine Schmerzen habe. Mit Frau Frank vereinbare ich für nachmittags einen Telefonkontakt.

Frau Frank berichtet am Telefon, dass der Hausarzt nach seiner morgendlichen Praxissprechstunde da gewesen sei. Ihr Mann reagiere auf Ansprache und antworte manchmal auch auf Fragen. Seine Nasenspitze und das Munddreieck seien blass. Sie wisse diese Zeichen einzuordnen. Zeitweise würde er beim Atmen röcheln. Es tue ihr so gut, dass ich anrufe und sie alles ansprechen könne. Ich informiere Frau Frank, dass sich die ehrenamtliche Begleiterin bei ihr telefonisch melden werde, um mit ihr die Uhrzeit abzusprechen, wann sie zur Nachtwache kommen solle.

Die ehrenamtliche Nachtwache berichtet von einer ruhigen Nacht bei Herrn Frank und erklärt sich bereit, Herrn Frank eine weitere Nacht zu begleiten.

Am nächsten Morgen telefoniere ich mit Frau Frank. Sie teilt mir mit, dass ihr Mann um 8:00 Uhr friedlich verstorben ist. Sie bedankt sich für die Begleitung und Entlastung durch uns. Es sei gut gewesen, dass ihre Tochter den Kontakt zum Hospiz gesucht

habe. Ohne die Bereitschaft der Ehrenamtlichen zur Nachtwache und die Unterstützung ihres Umfelds hätte sie diese
ganze Zeit nicht durchgestanden."[66]

[66] vgl. Nittka, D. (2004)

6. Einer trage des anderen Last[67]

Dieses Bibelzitat war 1977 Kirchentagsmotto. Können wir es aber so akzeptieren? Sind wir bereit, anderen zur Last zu fallen?[68] Moderne Menschen haben mit Blick auf ihr Alter und das Sterben eine große Sorge: Sie möchten genau das nicht –anderen zur Last fallen – nicht als Pflegebedürftige, nicht als Hochbetagte und nicht als Sterbende. Eine Anforderung von Klaus Dörner, von ihm selbst immer wieder zitiert, an seine Kinder: Für ihn da zu sein, wenn er sie einmal als Pflegebedürftiger braucht, gehört nicht zu den modernen Leitsätzen unserer Zeit. Vermitteln wir damit uns selbst als Älter-Werdenden, dass wir nicht mehr finanzierbar sind, so legen wir uns selbst nahe, die eigene Pflegebedürftigkeit nicht erleben und ertragen zu wollen und auch für die uns nahe stehenden Menschen nicht zur Last zu werden. Der Nationale Ethikrat in Deutschland hat sich aktuell mit Fragen der Rationierung im Gesundheitswesen beschäftigt. Die Diskussion um die Finanzierung der Pflegeversicherung wird im Wesentlichen unter monetären Aspekten geführt und weithin unabhängig von der Frage, was Pflegebedürftige denn wirklich brauchen. Die Pflege in Pflegeheimen diskutieren wir resignativ bis zynisch, auch wenn es gute Einrichtungen gibt, in denen gerade die Frage des Sterbens in den Mittelpunkt gerückt und bewusst gestaltet wird. Angesichts der zu erwartenden Engpässe im deutschen Sozialversiche-

---

[67] Bibel (1965), S. 248, Neues Testament, Galaterbrief 6, 2
[68] Pleschberger, S. (2005)

rungssystem wird der Lastendiskurs nicht ab-, sondern eher zunehmen: Pflegebedürftige empfinden sich selbst als Last und untergraben damit ihr Selbstbewusstsein und ihre Selbstständigkeit. Sie fühlen sich und sind in ihrer Kompetenz herabgesetzt.

Ein Beruf, in dem man für Menschen, deren Leben überwiegend als unwert eingestuft wird, da ist, Zeit mit ihnen verbringt, erhöht nicht gerade das Prestige der Profession Pflege. Auch hier wirkt der Lastdiskurs wenig förderlich auf die Motivation, den Beruf einer Pflegekraft zu wählen.

Auch kollektiv hat der Lastdiskurs Wirkung: Lohnt es sich, die begrenzten öffentlichen Mittel in die Pflege zu investieren? Ist es berechtigt, die Lohnnebenkosten anzuheben oder andere Finanzierungsquellen für die Pflege zu erschließen? Und ältere Menschen fragen sich, lohnt es, in meine Pflege mit meinem Geld zu investieren – auf Kosten dessen, was ich als Erbe hinterlassen kann? Die privaten Zuzahlungen zu den Leistungen der Pflegeversicherung sind gering – sie liegen im Durchschnitt bei etwa 150 Euro pro Monat.

Der Lastdiskurs steht auch hinter den Patientenverfügungen. Durch die Skandalberichterstattung und die darauf folgende symbolisch strenge, gesetzlich vorgesehene Qualitätssicherung hat die Aufmerksamkeit nicht auf eine Teilhabe hin orientierte Palliative Care Politik und Förderung der Sterbebegleitung gelenkt. Auch die breite öffentliche Diskussion über Patientenverfügungen kommuniziert neben der Betonung der Autonomie, auch „subkutan" die Erwartung, sich mit den ökonomischen Umständen im Gesundheits- und Sozialwesens abzufinden. Wir sprechen vom „Pflegefall"[69], ein Unwort der Sozialpolitik, da es den pflegebedürftigen Menschen auf einen Fall reduziert. Die Gesundheitsökono-

---

[69] Klie, T./Scholz-Weinrich, G. (1991)

men nehmen die Kosten der letzten Lebenswochen in den Blick und vergleichen die Lebensalter miteinander – mit Kalkül? Der Lastdiskurs zeigt seine Wirkung: Als vernünftiger Mensch reflektiere ich, dass ich anderen nicht zur Last werden will. Dass in dem Füreinander-Eintreten und Füreinander-Sorgen aber gerade die Grundlage für menschliche Beziehung, für soziale Solidarität, aber auch für psychische Gesundheit liegt, wie Klaus Dörner betont[70], übergehen wir. Wir leben davon, für andere von Bedeutung zu sein, und umgekehrt. Die Würde eines Menschen, sie stellt sich nicht im Wesentlichen dadurch her, dass man ihn in Ruhe lässt und dass nichts mehr mit ihm geschieht. Würde hat in einer moderneren Sichtweise mit gelingender sozialer Interaktion zu tun: Würdige ich mein Gegenüber mit Wertschätzung, durch meine Präsenz, durch meine Anteilnahme und dem Respekt vor der Leistung dieses Menschen oder in der Wahrnehmung seines Lebens, wie es auch immer verlaufen ist? So stellt sich Würde her: im sozialen Miteinander. Ich fühle mich wahrgenommen in meiner Einzigartigkeit, als Person gefragt und von Bedeutung. Die Würde eines Menschen entsteht im Dialog, im Gespräch und in der Interaktion. Sterben in Würde ist somit in besonderer Weise, dass und wie wir als die noch nicht Sterbenden mit den Sterbenden Solidarität leben – nicht eine Distanzierung vom Sterben, nicht eine Verrechtlichung, nicht die Empörung über unmenschliche Zustände ohne folgenreiche Handlungen.

Die Reform der Pflegeversicherung wird im Wesentlichen mit der Fragestellung diskutiert, wie sie sich in der Zukunft finanzieren lässt: kapitalgedeckt, umlagen- oder steuerfinanziert. Das kollektive und individuelle Alter wird zunehmend

---

[70] Dörner, K. (2007)

nicht unter dem Gesichtspunkt diskutiert, dass uns Lebens-
jahre geschenkt sind, sondern dass sie uns und unserer Gesellschaft aufgebürdet werden, zumindest dann, wenn sie
von chronischer Krankheit und Pflegebedürftigkeit geprägt
sind. Nun ist das kein neues Thema: Wir kennen die alten
Geschichten und die Mythen aus sehr unterschiedlichen Kulturen, wie in der Legende von Verrat und Tapferkeit vor dem
Hintergrund der Tradition der Eskimos beschrieben: Sie lie-
ßen Alte und Gebrechliche zurück, wenn die Ernährung der
jüngeren Generation nicht mehr gewährleistet schien. Doch
die beiden alten Frauen überlebten[71]. In Japan heißen Pflegeheime heute noch im Jargon: „Die Berge, von denen man die
Alten schmeißt". Wir kennen die Geschichten von den
Schwiegersöhnen, die ihre alten Mütter „one-way" in die Berge führten. Witwenverbrennungen sind ein anderes Thema,
in hohem Maße verbunden mit sozialer Ausgrenzung nach
dem Tod des Ehepartners. Es gibt den sozialen Tod, der im
physischen mündet, durch Aussetzung (bei einigen Indianer-
stämmen), durch die Vorstellung, dass Demenzkranke von
bösen Geistern besessen sind (geschehen bei den Aborigines)[72].

Dies sind Beispiele, von denen es viele in unterschiedlichen Kulturen gibt. In fast allen Kulturen sind die Ressour-
cen knapp, geht es um das Überleben der Sippe, sind gerade
die Älteren vom Ausschluss und vom Tod bedroht. In unserer Kultur scheint dies überwunden, wie es in den Worten
zum Ausdruck kommt „Einer trage des anderen Last". Die
Generationengerechtigkeit und Solidarität wurde institutionalisiert und synthetisiert, insbesondere auf unsere Sozial-
versicherung übertragen, die auf dem Prinzip des so genann-

---

[71] Wallis, V. (1993)
[72] vgl. Klie, Th. (2003)

ten Generationenvertrages beruht. Nun aber kommt dieser, einerseits mit dem demografischen Wandel und zum anderen angesichts der ökonomischen europäischen und weltweiten Entwicklung ins Wanken und war noch nie ein rechter Vertrag: Keiner der Betroffenen hat ihn selbst abgeschlossen und ein Zwei-Generationenvertrag vergisst die anderen Generationen, insbesondere die Kinder. Gleichwohl ist die Generationensolidarität in Deutschland und in Europa hoch und stark ausgeprägt. Sie ist Ausdruck einer entfalteten Zivilgesellschaft, welche nicht ausgrenzt und Lebensrecht und Zugehörigkeit vom Anspruch her allen zuspricht. Wir wissen, dass Lebenschancen ungleich verteilt sind: ärmere Menschen leben vergleichsweise kürzer. Menschen mit einem wenig ausgeprägten sozialen Netzwerk, wenigen Freunden und Angehörigen werden tendenziell schlechter behandelt als gut integrierte, im Krankenhaus ebenso wie in der häuslichen Pflege. Das Sozialstaatsversprechen in Deutschland und Europa richtet sich aber an alle und grenzt nicht aus. Der Gestaltungsauftrag für eine faire, alle Menschen in den Blick nehmende Sozial- und Gesundheitspolitik gilt auch und gerade für die Zukunft. Nun scheint sich aber die Fortschrittsgläubigkeit, bezogen auf den Ausbau sozialer- und gesundheitlicher Dienste, auf ihren Zenit hinzubewegen oder hat ihn bereits überwunden. Die Diskussion um Sterbehilfe macht dies deutlich: Wir wissen, dass es die größte Sorge gerade älterer Menschen ist, nahen Angehörigen aber auch der Gesellschaft insgesamt zur Last zu fallen. Die vielen, etwa auch im „Stern"[73] wiedergegebenen Geschichten von Menschen, die den Freitod wählen, sei es mit Hilfe von Exit oder Dignitas, sie zeigen einerseits ihre Ängste, das Verzweifeln am Leben aber auch die Sorge, nur noch „Last" zu sein. Diese in-

---

[73] Link, O./ Oertzen, A. (2006)

dividuelle Angst, nicht mehr auf positive Weise bedeutsam zu sein, verbunden mit einem gesellschaftlichen Lastdiskurs, der den multimorbiden, chronisch Kranken und schwer pflegebedürftigen Menschen als sozialpolitische Last sieht, verstärken den Angriff auf das Lebensrecht schwerbehinderter und hochbetagter Pflegebedürftiger. Werden die Heldengeschichten von denjenigen, die freiwillig aus dem Leben gehen, zu einen verkappten Lehrplan für uns? Nicht fürs Vaterland an der Front sterben, aber rechtzeitig aus dem Leben gehen? Doch wird ein Lastdiskurs über Prominente unserer Zeit inszeniert, der in der Gefahr steht, die Schwachen zu treffen. Es waren immer die Frauen, es waren immer die sozial Schwachen und es waren immer die, die über wenig soziale Unterstützung verfügten, die von sozialer Ausgrenzung betroffen waren. Einer trage des anderen Last. In dieser Solidaritätszusage – Bürgerinnen und Bürger in einer Gesellschaft füreinander – steckt ein Programm, das den Menschen, unabhängig von seiner Leistungsfähigkeit, als wertvolles Mitglied derselben sieht und ihn als solches wahrnimmt und unterstützt.

Wenn nun einer freiwillig aus dem Leben geht, so mag er dies tun, man mag diesen Schritt auch würdigen und ihn nicht moralisch verurteilen. Auftrag einer solidarischen Gesellschaft ist es, allen Menschen, auch den Leidenden, auch den Pflegebedürftigen, auch Wachkomapatienten einen Platz in unserer Gesellschaft zuzugestehen und sie nicht wie die alten Eskimos auszugrenzen. Die zivilisatorischen Herausforderungen unserer Gesellschaft bestehen unter anderem darin, ihnen in unserer Kommunikation, unseren Werthaltungen, in unserer Anthropologie einen Platz zu geben. Es wissen viele, die über Jahre Menschen mit Demenz, Hochbetagte und Menschen mit Behinderungen und Pflegebedarf begleitet haben: Die Maxime des eigenen Lebens verändern sich, anderes wird bedeutsam, manch bislang Dominantes relativiert sich. Viele pflegende Angehörige sind in hohem Maße belastet, leiden an Depression, werden krank. Sie scheitern an den Solidaritätsaufgaben, aber vor allem deswegen, weil sie sie alleine tragen müssen, nicht solidarisch und in geteilter Verantwortung. Aber für immer mehr Menschen ist es eine zentrale existenzielle Erfahrung, andere bis zu ihrem Tod zu begleiten und gemeinsam sich in der Weise „weltoffen" zu zeigen, die ganz andere Dimensionen von Menschensein als zum Leben gehörend erfahren lässt. Leben lernen an den Grenzen des Lebens? Das gelingt nur dann und in der Breite, wenn wir das Thema auch zu einem in neuer Weise öffentlichen Thema machen und uns um zivilgesellschaftliche Antworten bemühen. Die Hospizbewegung zeigt Wege dorthin.

7. Vom Sterben und Töten

Wer will sterben?

Ein Palliativmediziner berichtet: „Ende der 1980er Jahre betreute ich eine Anzahl von Menschen mit AIDS in ihren letzten Lebensmonaten. Es war eine Zeit, in der AIDS eine ganz besondere Herausforderung für die Medizin darstellte. Denn hier verbanden sich zwei Tabus miteinander: Das Tabu „Sterben" und das Tabu „Homosexualität". Es war für die Betroffenen oftmals nicht leicht, eine angemessene Behandlung zu bekommen – so weit das damals überhaupt schon möglich war. Im Zentrum stand ohnedies die psychosoziale Betreuung. In solchen Menschengruppen, die von ihrer Umgebung eher abgelehnt oder jedenfalls mit großen Vorbehalten wahrgenommen werden, entsteht – gewissermaßen als Ausgleich – häufig ein besonders intensiver Zusammenhalt innerhalb der Gruppe. Das betraf damals die Erkrankten ebenso wie die Helfenden.

Ich hatte den Eindruck gewonnen, dass es mir gelungen war, das Vertrauen dieser relativ jungen Männer zu gewinnen und ich meinte zu spüren, dass sie sich auf meine menschliche wie medizinische Unterstützung verließen. Umso entsetzter war ich, als ich eines Tages, eher durch Zufall, von einem der Betroffenen erfuhr, dass er ein starkes Beruhigungsmittel in seinem Schrank in großen Mengen „gebunkert" hatte, wie er das ausdrückte. Ganz offenbar, um sich damit selbst zu töten. Mein Entsetzen rührte vor allem daher, dass ich dies als Zeichen dafür ansah, dass das von mir vermutete Vertrauen eben doch nicht bestand, dass dieser junge Mann ernsthafte Zweifel daran hatte, dass wir Helfenden ihm den zugesicherten Beistand am Lebensende geben könnten. In meinem Gekränktsein war ich zunächst gar nicht in der Lage, das Problem (mein Problem) offen anzusprechen. Als ich es dann schließlich doch wagte, sah mich der kranke Mann völlig irritiert an: „Du denkst, das ist ein Tötungsmittel, das ich da im Schrank habe? Du spinnst! Das ist mein Lebensmittel. Das brauche ich einfach, um sicher zu sein, dass ich im Fall der Fälle einen Notausgang habe. So lange ich weiß, dass ich mir notfalls selbst helfen kann, ertrage ich all die Beschwerden und Unsicherheiten der Krankheit viel besser."

Durch diese Erfahrung mutiger geworden, fragte ich behutsam auch bei anderen Kranken nach solchen „Lebensmitteln" und fand – nun schon viel weniger überrascht – heraus, dass sehr viele, vielleicht die meisten der Betroffenen für den Fall der Fälle ein Mittel zur Selbsttötung besaßen. Keiner der von mir Betreuten hat jemals Gebrauch davon gemacht."

Wenn Menschen in Lebenskrisen geraten, suchen wir nach dem, was uns Halt und Sicherheit gibt. Das können Menschen in unserer Umgebung sein, das kann auch manchmal unser Beruf sein – oder wir finden solche Sicherheit in unserer eigenen Spiritualität. Aber – und das ist ja gerade das Bedrohliche an schweren Lebenskrisen – bisweilen versagen all diese stabilisierenden Elemente: Wir verlieren gerade die Menschen, die uns am meisten bedeuteten, unser Beruf wird uns gleichgültig und lieb gewordene Glaubensvorstellungen zerbrechen. In solch einer verzweifelten Lebenssituation erscheint der Tod bisweilen als das kleinere Übel. Wir ziehen ihn der Unsicherheit, dem unerträglichen Leid, der finster erscheinenden Zukunft vor. Für nicht wenige Menschen ist dann die Vorstellung, sich „im Notfall" das Leben nehmen zu können, außerordentlich tröstlich. Insofern haben wir bei jedem Menschen in einer Lebenskrise damit zu rechnen, dass er Suizidgedanken hat und vielfach von Suizidimpulsen geplagt wird. Der Suizid erscheint dann als eine Lösung der Krise[74].

Suizidhandlungen werden wir also besonders häufig bei Menschen finden, die sich in kritischen Lebensphasen befinden. Deshalb verwundert es nicht, wenn wir die erste Suizidwelle im Leben von Menschen in der Krise der Pubertät entdecken können. Aber zum Glück bleibt es meist nur bei dem Suizidversuch, der nicht in den Tod führt.

Im Laufe des Lebens nehmen Suizide (bei Männern stärker als bei Frauen) kontinuierlich zu. Am häufigsten finden wir tödlich endende Suizidhandlungen deshalb bei älteren Männern. Das ist gut verständlich, wenn wir bedenken, dass gerade das Alter durch eine Häufung von kritischen Lebenssituationen gekennzeichnet ist.[75] Durch den Zusammenbruch sozialer Beziehungen ist die *Vereinsamung* alter Menschen besonders groß. Es können bereits kleinere Lebenskrisen aussichtslos wirken, weil jegliche unterstützende Netze verloren gegangen sind. Alte Menschen kommen sich oftmals „unnütz" vor, ihrem Leben scheint jeglicher *Sinn zu fehlen* – warum es dann noch aufrechterhalten?

Auch *Depressionen* als besonders häufige Wurzel suizidalen Verhaltens sind im Alter besonders häufig – und münden nicht selten in eine Tötungshandlung. Weil jüngere Menschen dies alles so gut (*zu* gut!) verstehen können, da Alter in unserer Gesellschaft häufig mit äußerst negativen Bildern verbunden wird, erscheint es fast natürlich, wenn alte Menschen deprimiert über ihr nutzloses, vereinsamtes Leben klagen. Deshalb werden gerade Depressionen im Alter (auch

---

[74] Dörner, K./ Plog, U./ Teller, C. (2004)
[75] Vries, B. de (1996) ; Kisker, K. P./ Lauter, H./ Meyer, J. E. (1986)

von Hausärzten) viel zu selten entdeckt und die mögliche aus der Depression herausführende Hilfe unterbleibt.

Schwere *Krankheiten* sind umso wahrscheinlicher, je älter wir werden. Schwere Krankheit wird von Suizidgedanken begleitet: Insbesondere dann, wenn die Diagnose mitgeteilt wird, die Krankheit sich verschlimmert, eingreifende therapeutische Maßnahmen bevorstehen und wenn schließlich Ärzte von „austherapiert" sprechen. Auch hier verstehen Helfende bisweilen „zu gut", dass der Kranke lebensmüde Gedanken äußert („Wenn ich an ihrer Stelle wäre, wollte ich dieses Leben auch nicht mehr." „Wer möchte denn schon so dahinvegetieren.") Deshalb unterbleibt immer wieder eine Unterstützung, die der Kranke jetzt dringend bräuchte.

Hilfreich wäre es alleine schon, wenn bei den Betroffenen auch nur das Thema Suizidalität angesprochen würde, sobald die Helfenden dies auch nur im Entferntesten vermuten – und dies sollte in jeder Lebenskrise geschehen. Zum Beispiel, indem die einfache Frage gewagt wird: „Ich frage mich, wie es bei Ihnen um Selbsttötungsgedanken steht." – Um Himmels willen, wird hier vielleicht die eine oder der andere einwenden, damit bringen wird den Menschen womöglich erst auf solche Gedanken! Aber keine Sorge. Es gibt in der gesamten wissenschaftlichen Literatur zu diesem Thema keinerlei Hinweis darauf, dass Menschen einen Suizid begangen hätten, weil sie auf dieses Thema angesprochen worden wären. Im Gegenteil: Sehr viele Menschen berichten, dass sie es als erleichternd erlebt hätten, dass sie endlich einmal jemand auf diese existentielle Frage angesprochen hat – und allein schon dadurch einen Teil der gefährlichen Isolation, die suizidale Menschen oftmals umgibt, gelöst hat.

„Aber was soll ich dann bloß sagen oder tun, wenn jemand auf meine Frage antwortet, er oder sie habe Suizidgedanken?" Noch einmal: Entscheidend ist, dass wir fragen. Unsere Antwort ist erst einmal zweitrangig. Wenn wir es verstehen, genau hinzuhören, finden wir meistens heraus, dass das Bedürfnis des Menschen in der suizidalen Krise vor allem darin besteht, über die Krise sprechen zu dürfen. So beschreibt die Hospizgründerin Cicely Saunders, dass die meisten schwer kranken Menschen, die Suizidwünsche äußern, damit vor allem das Signal geben, dass sie über ihre Krankheit und vor allem über ihr Sterben sprechen möchten. Bei nicht wenigen ist es allerdings auch ein Zeichen dafür, dass sie so schwer leiden, dass sie *so* nicht weiterleben möchten. Es geht also eigentlich gar nicht darum, sterben zu wollen. Sobald sie Erleichterung ihrer körperlichen, sozialen, seelischen oder spirituellen Nöte erfahren, sind sie weit mehr am Leben als am Sterben interessiert.

Wenn wir also bei schwer kranken Menschen – nicht zuletzt in der letzten Lebensphase – Suizidgedanken finden, ist dies in keiner Weise erstaunlich. Erstaunlich ist eher, wenn von Menschen berichtet wird, die trotz schwerster, lebensbedrohlicher Krankheit nicht immer wieder einmal suizidal werden. Auch im Hospiz- und Palliativbereich sind wir immer wieder mit Suizidgedanken oder gar Suizidhandlungen sterbenskranker Menschen konfrontiert. Solche Gedanken sind nicht Zeichen dafür, dass hier etwas „falsch gelaufen" wäre. Sie gehören gerade zu der letzten Lebensphase dazu. Die Frage ist allerdings, wie wir mit solcher Suizidalität umgehen. Wenn wir solche Suizidalität sorgsam immer wieder erfragen, sie ernst nehmen, respektvoll mit den Betroffenen umgehen und schließlich die angemessenen Hilfen anbieten, geben wir den schwer kranken Menschen die Würde, die ihnen gebührt.

Allerdings muss zugegeben werden, dass es nicht immer leicht fällt, Auswege aus der Krise zu finden. Gerade bei Menschen am Lebensende, in der letzten Lebenskrise also, ist eine Lösung manchmal nur mit Mut und viel Phantasie zu erreichen. Der Wunsch nach Sterbehilfe ist eben eigentlich ein Suizidwunsch. Das ist bei sterbenden Menschen nichts anderes als bei Menschen in anderen Lebenskrisen.

Hildegard Weber war alleinstehend. Aber sie war nicht einsam, wusste sich ein Netz an Beziehungen aufzubauen und konnte gut für sich sorgen. Sie war eine „Schafferin", wie sie selbst sagte. Eine Frau, die die Dinge anpackte und im Tun Befriedigung fand. Sie wusste, was für sie gut war und sie verstand es auch, dies zu tun. Dabei wirkte sie bescheiden und genügsam, mit ihrem Leben zufrieden. – Als mit 72 Jahren die Krankheit kam, die ihr Leben bedrohte, kämpfte sie eine Zeit lang. Und gab dann schließlich auf, als ihr der Nutzen der Krebstherapien nicht mehr gegeben schien. Sie tat das, ohne groß Aufhebens darüber zu machen, aber war in ihrer Entscheidung sehr klar. Auch resignierte sie nicht, als die Krankheit unaufhaltsam fortschritt. Als ihre Pflege zu umfangreich wurde, dass sie zu Hause nicht mehr zu leisten war, fand sie mit Hilfe ihrer Freundinnen schließlich ein gutes Pflegeheim.

„Eine angenehme Frau", meinten die Schwestern im Heim. Frau Weber war dankbar, dass man gut für sie sorgte und die Atmosphäre in dem christlich geprägten Haus entsprach ihrer eigenen inneren Einstellung. Den Freundinnen gegenüber lobte sie, dass man auf ihre Wünsche und Bedürfnisse im Heim Rücksicht nahm. – Allmählich stellte sie sich aufs Sterben ein: „Es wird wohl nicht mehr lange gehen", äußerte sie ein paar Mal gegenüber Schwestern und Besuchern und wirkte dabei gelassen und zuversichtlich.

Aber dann ging es doch viel länger, als Hildegard Weber

es erwartet hatte. Zu lang, wie sie fand. Vielleicht war es auch gar nicht so sehr die Zeitspanne, sondern die Tatsache, das die körperlichen Einschränkungen, die sie hinzunehmen hatte, immer größer wurden und ihre Möglichkeiten, über das was geschah oder nicht geschah, Einfluss zu nehmen, zunehmend schwanden. Ihr Protest war erst leise: „Warum kann sich der liebe Gott nicht ein bisschen beeilen. Langsam verliere ich die Geduld." Das klang noch fast ein wenig spaßig. Aber allmählich wurde sie richtig ärgerlich, ja wütend und schließlich verzweifelt. „Ich kann einfach nicht mehr." „Das ist doch nicht gerecht, dass ich so etwas aushalten muss, " klagte sie, als die Lähmungen zunahmen und sie immer weniger selbst machen konnte. „Kann mir denn keiner eine Spritze geben?" forderte sie schließlich. Die Pflegekräfte reagierten teils beunruhigt, teils abwehrend: „Aber Frau Weber, so etwas geht doch nicht!" Und schließlich eine junge Schwester in ihrer Hilflosigkeit: „Frau Weber, es geht doch sowieso nicht mehr lange bei Ihnen, hat der Doktor gesagt."

Schließlich musste aber auch die Letzte spüren, dass es Frau Weber Ernst war. Sie wollte sterben und zwar jetzt! Sie war doch bereit. Aber sie wollte nicht aushalten, was ihr unzumutbar erschien. Die einstmals so angenehme Bewohnerin wurde unangenehm, lästig, aggressiv – bisweilen aber auch depressiv verstimmt, mit Weinen und Klagen und phasenweisem Rückzug. Ihre Forderung nach „der Spritze", also einem Tötungsmittel, blieb unüberhörbar. Und sei es nur als stummer, vorwurfsvoller Blick. „So etwas machen wir hier nicht", beschied schließlich energisch die Stationsleiterin Susanne. Aber das steigerte höchstens den Zorn und die hilflose Verzweiflung von Frau Weber.

Als die Mitarbeiterinnen des Heimes sich schließlich nicht mehr zu helfen wussten, baten sie den örtlichen Hospiz-Dienst um Unterstützung. Ein psychologischer Mitarbeiter des Dienstes besuchte Frau Weber und hatte ein langes Gespräch mit ihr. Er nahm ihre Sorgen ernst, klärte, was an Erleichterungen im körperlichen Bereich möglich war und erkannte, dass das letztlich nicht die Hilfe war, die sich Frau Weber wünschte. Ihre Todeswünsche waren sehr ernst gemeint. „Helfen Sie mir", forderte sie, „ich kann es doch nicht mehr selbst. Sehen Sie doch, wie ich hilflos daliege." Der Hospizmitarbeiter sah sie nachdenklich an: „Überlegen Sie trotzdem einmal, was sie selbst tun könnten, um den Tod zu beschleunigen", bat er sie. Frau Weber spürte, dass die Frage ernst gemeint war. „Dann werde ich die Luft anhalten und ersticken", polterte sie. Und begann tatsächlich damit, die Atmung anzuhalten. – „Aber das geht ja nicht!" stöhnte sie mit vor Anstrengung hoch rotem Gesicht. Die Szene entbehrte nicht der Komik. Aber der Hospiz-Mitarbeiter gab Frau Weber zu erkennen, dass er die dahinter liegende Verzweiflung erkannte und regte weitere Überlegungen an.

Bei seinem Besuch am nächsten Tag hatte Hildegard Weber schließlich einen Entschluss gefasst: „Ich werde aufhören zu essen und zu trinken", entschied sie energisch. Mit den Mitarbeitern des Heimes wurde vereinbart, dass Frau Weber zwar weiterhin Nahrung angeboten werden, aber keinerlei Drängen oder gar Zwang erfolgen sollte. Nun hatte Frau Weber aufgrund ihrer Erkrankung ohnedies kaum noch Nahrung zu sich nehmen können. Aber sie war jetzt konsequent und rührte weder Essen noch Trinken an. Mit Hilfe der Unterstützung des Hospiz-Dienstes hielten die Mitarbeiterinnen dies aus – wenn auch mit erkennbarem Unbehangen. Durfte man einen Menschen verhungern und verdursten lassen? Widersprach das nicht allen Prinzipien der Pflege?

Was die Heimmitarbeiter beruhigte, war die Tatsache, dass sich Frau Webers Stimmung nach wenigen Tagen deutlich aufhellte. Aus der mürrischen, aggressiven oder auch depressiven Frau wurde wieder die selbstsichere, aber zurückhaltende Hildegard Weber, die sie kannten. Sie wirkte angstfrei und ruhig. Sie hatte die Macht über ihr Schicksal zurückgewonnen. Sie hatte bewiesen, dass sie den Einfluss auf ihr Leben hatte, der ihr so wichtig war und sie hatte das Gefühl bekommen, nicht nur ernst genommen zu werden, sondern ihr Anliegen der Lebensverkürzung auch wirklich durchsetzen zu können – ohne fremde Hilfe.

Hildegard Weber lebte noch etwa sechs Wochen. Weitaus länger, als der Hausarzt aufgrund der Grunderkrankung vermutet hatte. Und sie aß und trank nach einer halben Woche auch wieder – allerdings nur ausgewählte Speisen, die sie streng bestimmte: vor allem Joghurt in allen Variationen. Dabei strahlte sie eine bemerkenswerte Ruhe aus, bis zum Ende.

In den Niederlanden, neben Belgien dem einzigen Land in Europa, in dem Euthanasie (Tötung auf Verlangen) unter bestimmten Bedingungen nicht bestraft wird, hat man untersucht, was Menschen so suizidal macht, dass sie danach verlangen, getötet zu werden: Die Angst vor Vernachlässigung und Respektlosigkeit, die Angst vor Schmerzen und anderen körperlichen Beschwerden und schließlich die Angst davor, anderen zur Last zu fallen[76]. Es geht dabei also nicht so sehr um tatsächlich vorhandene Beschwerden und Belastungen, sondern bereits die Angst davor, dass solche Belastungen eintreten könnten, lassen Menschen nach Euthanasie verlangen. Es sind zudem äußerst verständliche Ängste. Und es sind Ängste, die vor allem im Alter ihre Berechtigung finden. Denn gerade in dieser Lebensphase sind Menschen in besonderer Weise von Vernachlässigung, Respektlosigkeiten und körperlichen Beschwerden bedroht. Im Alter aber müssen wir viel von unserer Autonomie aufgeben, sind auf Hilfe

---

[76] Marquet, R.L. et al. (2003); Ganzini, L. et al. (2002); Gordijn, B. (1998)

angewiesen. Wenn wir dann in einer Umgebung leben müssen, die nicht darauf vorbereitet ist, uns zu respektieren, uns nicht das Recht darauf einräumt, in Würde zu altern, sondern uns zu verstehen gibt, dass wir nur noch als Last und Belastung empfunden werden, dann ist es diese Umgebung, die Menschen in die Suizidalität treibt – nicht das Alter.

Die Illustrierte STERN hat im November 2006[77] für zwölf schwer kranke Menschen in Deutschland provozierend gefordert: „Lasst uns sterben". Geschildert werden zwölf Lebensgeschichten von Frauen und Männern, die an einer unheilbar gewordenen Krankheit litten oder noch leiden: an Tumoren, aber auch Muskelschwund, Querschnittslähmung, Rheuma, Osteoporose. Die Geschichten können erschrecken. Der Mediziner erschrickt vor allem deshalb, weil an den meisten der Geschichten für den Kundigen deutlich wird, dass den Menschen, die hier zu Worte kommen, offenbar nichts von der lindernden Therapie zur Verfügung stand, wie sie heute die moderne Palliativmedizin anbietet. Als Mitmensch ist es erschreckend zu lesen, wie viel Einsamkeit, Verlassenheit, aber auch Missachtung und Vernachlässigung durch andere aus diesen Artikeln spricht. Wohl niemand unter den Leserinnen und Leser dieser Beiträge wird sich des Gedankens erwehren können: „Ich kann diese Menschen verstehen. So wollte ich auch nicht leben." Es ist die Alternativlosigkeit dieser Beiträge, die so deprimiert – und die zugleich übersieht, dass es heute Alternativen gäbe, würden sie nur zur Verfügung gestellt. Wenn Menschen sich das Leben nehmen (lassen), dann nicht, weil sie unter Unheilbarem leiden. Sondern sie werden in die Suizidalität getrieben, weil wir ihnen die körperlichen und emotionalen Linderungsmöglichkeiten versagen.

---

77 Link, O. /Oertzen, A. (2006)

All die geschilderten Menschen haben sich – trotz ihrer Leiden – nicht selbst getötet, sondern sie suchten als Ausweg die Tötung durch andere. Denn Selbsttötung ist niemals ein Akt der Willkür. Wir können uns nicht „entschließen", sterben zu „wollen". In der ethischen Literatur wird zwar auch heute noch vielfach davon ausgegangen, dass es so genannte „Bilanzsuizide" gibt. Also Selbsttötungen, die auf einem reiflich überlegten Beschluss basieren. Die psychiatrische Forschung lehrt hingegen seit der Mitte des vorigen Jahrhunderts, dass diese Annnahme zu hinterfragen ist. Denn unser menschlicher Überlebenstrieb hindert uns in der Regel daran, uns selbst das Leben zu nehmen. Mögen die rationalen Gründe noch so triftig und einsehbar sein. Für einen Suizid benötigen wir ein solch enormes Aggressionspotential, das gegen uns selbst gerichtet ist, dass es zu einem derartigen Aggressionsaufbau nur in extremen psychischen Krisen kommt. Es sind also weniger moralische oder religiöse Vorstellungen, die am Suizid hindern, als vielmehr die besondere Funktionsweise der menschlichen Seele.

Wenn wir aufgrund einer *Überlegung* – einer rationalen Bilanzierung unserer Lebenssituation etwa – den Tod suchen, so gelingt dies nur mit Hilfe eines anderen Menschen, der uns darin unterstützt und dabei hilft, die Sperre in unserer Seele zu überwinden. Dies hat zu der Technik des *assistierten Suizides* geführt, wie er z. B. in der Schweiz unter bestimmten Bedingungen zulässig ist und welcher eine Sonderform der Euthanasie darstellt. Dabei wird einem Kranken auf dessen Wunsch hin ein vom Arzt verschriebenes Gift durch eine Helferin in einer speziell dafür angemieteten Wohnung gereicht. Der Kranke muss es sich nur noch selbst verabreichen.

„Ich finde nicht, dass wir Herrn Geyer aufnehmen sollten." Die Meinung im Hospiz-Team war selten so kontrovers wie an diesem Tag, an dem die Aufnahme des 52-Jährigen Herrmann Geyer diskutiert wurde. „Das lässt sich doch alles auch ambulant regeln", empört sich Schwester Petra. „Mein Eindruck ist, dass der Hausarzt sich nur eines Problems entledigen will. Irgendwie muss der Geyer ein ziemliches Ekel sein, wenn ich den Hausarzt recht verstanden habe: sturköpfig und egozentrisch. Außerdem soll er der rechtsradikalen Szene angehören." „Seit wann entscheiden wir hier über eine Aufnahme aufgrund politischer Ansichten?", fragt die freiwillige Hospiz-Helferin Pauline kritisch dazwischen. – „Hat der Hausarzt nicht auch etwas von einem Wunsch nach aktiver Sterbehilfe und einer anstehenden Reise in die Schweiz gesagt?", wirft Schwester Marianne in die eingetretene Stille ein. Das Schweigen verstärkt sich noch, wirkt jetzt betreten. „Vielleicht sind das ja alles zusammen sogar sehr gute Gründe, um Herrn Geyer bei uns aufzunehmen", stellt die Stationsschwester Margarete schließlich fest.

Tatsächlich befindet sich Herrmann Geyer bei seiner Aufnahme auf die Hospiz-Station in einem körperlichen sehr stabilen Zustand. Sein Prostata-Krebs ist zwar weit fortgeschritten und es gibt bereits Metastasen im Gehirn, aber er wirkt noch sehr vital. Seine linke Körperhälfte ist durch die Hirnmetastase in ihrer Beweglichkeit stark eingeschränkt und er braucht deshalb bei vielen Aktivitäten des täglichen Lebens Unterstützung. Aber die Gäste, die normalerweise auf eine Hospiz-Station aufgenommen werden, sind weit schwerer krank. Die tatsächlich bestehende Schmerzproblematik ist nach 24 Stunden behoben und nach einer Anpassungszeit von drei Tagen scheint sich Herr Geyer im Hospiz richtig wohl zu fühlen. Mit Appetit isst er zu Mittag, sieht gerne fern „und hält uns Schwestern auf Trab", wie Schwester Petra kritisch anmerkt.

Das Thema Sterbehilfe scheint nicht aktuell zu sein, könnte man meinen. Aber die Stationsleiterin Margarete lässt das Thema nicht auf sich beruhen. Vorsichtig spricht sie es bei einem Besuch in Herrn Geyers Zimmer an. „Ja natürlich", entgegnet Herr Geyer erstaunt. „Hat Ihnen das mein Hausarzt nicht gesagt? Ich bleib' hier nur solange, bis ich die Einbestellung nach Zürich bekomme." „Ja, geht es Ihnen denn so schlecht, dass Sie sich töten wollen?", fragt Schwester Margarete ein wenig irritiert.

„Na hören Sie mal, das ist doch keine Lebensqualität mehr, wenn man nicht mehr wandern kann. Außerdem möchte ich nicht als Krüppel leben. Das ist absolut widerwärtig!"

„Haben Sie schon lange an Selbsttötung gedacht", will Schwester Margarete wissen. „Was heißt hier Selbsttötung", wundert sich Herr Geyer. „Ich will doch in die Schweiz. Die machen das doch. Da brauche ich nichts zu tun."

„Wissen Sie denn, wie das dort ablaufen wird?", will Schwester Margarete wissen. Herr Geyer denkt einen Moment lang nach. Dann entgegnet er kopfschüttelnd: „Da brauche ich gar nichts zu machen. Meine Tochter fährt mich hin und die dort erledigen das dann. Fertig." Damit ist für Herrn Geyer das Thema beendet. Er will sich auf eine weitere Erörterung nicht einlassen. Es scheint fast, als würde ihn das in seinem Wohlbehagen unnötig stören.

Eine Woche später ist es dann so weit. Der Brief aus der Schweiz mit der „Einbestellung" ist gekommen. „Wie regeln Sie das jetzt alles", will er von den Schwestern wissen. – Seine Frage löst eine ähnlich kontroverse Diskussion aus, wie es sie bei seiner Aufnahme gegeben hatte. Die Mehrzahl ist der Meinung: „Da machen wir nicht mit." „Gibt es denn keine rechtliche Möglichkeit, so etwas zu verhindern", empört sich diesmal die freiwillige Hospiz-Helferin. Nein, es gibt sie nicht, erfährt sie. Herr Geyer ist entscheidungsfähig, ihm sind alle nur erdenklichen

Alternativen vorgestellt worden, er ist nicht depressiv und er kann folglich über sich bestimmen. „Aber das geht doch nicht", begehrt Schwester Petra auf. „Der kann doch nicht direkt aus dem Hospiz in die Schweiz zur Tötung gefahren werden – womöglich noch mit unserem Pkw!"

Eine solche Situation ist für ein Hospiz äußerst ungewöhnlich und schwer erträglich. Hospize sind angetreten, das Sterben zu lindern und sie sind sich weltweit darin einig, das Sterben zwar nicht hinauszuzögern, aber es auch nicht zu beschleunigen[78]. Wenn also ein Hospiz indirekt in Euthanasieaktivitäten einbezogen wird, kann das leicht eine Krise auslösen. – In einer eilig anberaumten außerordentlichen Supervisionssitzung für das Team wird das Thema erörtert. Eine äußerst schmerzvolle Sitzung. In ihr kann offen angesprochen werden, wie nahe sich einzelne Mitarbeitende selbst immer wieder dem Wunsch nach Euthanasie fühlen, wenn sie mit Kranken konfrontiert werden, die Symptome zeigen, die Mitarbeitende besonders belasten. Die Erkenntnis, dass es insgeheim viele unterschiedliche private Positionen zum Thema Euthanasie gibt, erschrickt einzelne in der Mitarbeiterschaft. „Dass wir da persönlich so verschieden denken!", stöhnt Schwester Petra. Es scheint, als geriete die scheinbar so heile Welt des Hospizes in dieser Sitzung ins Wanken. Auch sonst wird deutlich, welch eine Vielfalt unterschiedlicher, ja kontroverser persönlicher Ein- und Ansichten, moralischer und spiritueller Positionen im Team bestehen. Dem Supervisor gelingt es, dies nicht nur als Konfliktpotential, sondern auch als Reichtum und Chance zu vermitteln. Nach 90 Minuten Gespräch wird deutlich, wie wichtig es allen Mitarbeitenden ist, die unterschiedlichen persönlichen Positionen von anderen anerkannt zu wissen und gleichzeitig in der beruflichen Haltung

---

[78] World Health Organization (2002), S. 84

sehr viel Einigkeit zu spüren. Ist es nicht ein großartiger Vertrauensbeweis, wenn tabuisierte Ansichten offen ausgesprochen werden und bestehen bleiben dürfen? „Ich glaube, wir sind uns selten so nahe gewesen wie in dieser Sitzung", überlegt Schwester Margarete im Rückblick. Das Team fühlt sich nach der Sitzung gestärkt. Und es gibt einen Plan für den Umgang mit Herrmann Geyer, hinter dem alle stehen können.

In einem langen Gespräch erläutert Schwester Margarete Herrn Geyer die Situation. Sie ist dabei sehr offen und spricht auch die Nöte des Teams an: Den Wunsch, ihn zu verstehen und ihm gerecht zu werden und zugleich den ethischen Prinzipien der Hospizarbeit treu zu bleiben. Als sie ihrem Team von diesem Gespräch berichtet, merkt man ihr noch ihre Überraschung über die Reaktion von Herrn Geyer an. Der wirkte zwar etwas mürrisch, wie meistens, wenn er auf dieses Thema angesprochen wurde, aber zeigte auch viel Verständnis für die Überlegungen des Teams. Den Vorschlag des Teams konnte er gut akzeptieren: Ja, er würde aus dem Hospiz zunächst wieder nach Hause zurückkehren und dann die Reise in die Schweiz von zu Hause aus antreten. („Meine Tochter wird das alles arrangieren. Das hat sie schon versprochen. Auch wenn sie von der ganzen Sache eigentlich nix hält.") Als ihm versichert wird, dass alternativ auch jederzeit eine Wiederaufnahme ins Hospiz möglich ist („Wir werden Ihnen das Bett mindestens 14 Tage lang frei halte."), lächelt er sogar zufrieden.

So geschieht es, dass Herrmann Geyer zwei Tage später im Pkw seiner Tochter zurück nach Hause gefahren wird und weitere 24 Stunden später mit Hilfe einer Schweizer Sterbehilfeorganisation den Tod findet. Seine Tochter wird von einer Trauerberaterin des Hospizes weiter betreut.

Wer will sterben lassen?

Es sind aber nicht nur die unmittelbar Betroffenen, also die schwer kranken Menschen oder die Menschen in Lebenskrisen, die sich den Tod wünschen. Auch die Angehörigen und die Helfenden werden in solchen Fällen vielfach von „stellvertretenden Todeswünschen" geplagt: Sie wünschen sich den baldigen Tod des kranken Menschen. Sie wünschen sich diesen Tod bisweilen auch dann, wenn der Kranke selbst keine Wünsche in diese Richtung hat. Der Grund hierfür liegt darin, dass viele, gerade hilfsbereite Menschen dazu neigen, *Mitleid* zu empfinden. Aber ist Mitleid nicht ein sehr akzeptables Gefühl, etwas sehr Menschliches, das Anteilnahme ausdrückt? Mitleid ist vor allem ein äußerst gefährliches Gefühl. Denn psychologisch gesehen können wir gar nicht mit einem anderen leiden. Wir können immer nur an und mit uns selbst leiden. Selbst wenn ein Kranker und der Helfende an derselben Situation leiden, so leiden sie doch in erster Linie jeder für sich. Analysiert man das Leiden der beiden, so finden sich durchaus unterschiedliche Auslöser und Gefühle bei den beiden „Betroffenen". Dies wird dann besonders deutlich, wenn das Leiden in erster Linie beim Helfenden oder Angehörigen liegt. Es ist Ausdruck von dessen Not. Die helfende Person empfindet eine Situation für sich selbst als unerträglich. Sie versetzt sich auf ihre Weise in den Kranken – aber erlebt sozusagen „ihren eigenen Film", der mit dem, was der Kranke erlebt, nichts oder nur wenig zu tun hat. Das gemeinsame ist, das beide – jeder auf seine Weise – mit schwerer Krankheit konfrontiert sind.

Als Marta Lehmann die Hospizstation verlässt, ist sie verzweifelt. So verzweifelt, dass es ihr nicht einmal möglich ist, sich Hilfe zu holen. Kopfschüttelnd steigt sie die Treppe zum Erdgeschoss hinunter. Womit hat sie das verdient? Ihr jüngster Sohn Martin (Mitte 40), liegt auf der Station und es geht ihm von Tag zu Tag schlechter. Natürlich hatte sie gewusst, dass das Hospiz die letzte Station sein würde. Aber dennoch: Die Hoffnung hatte sie nie wirklich aufgegeben. Und eigentlich hatte sie die Tage an seinem Bett in dieser ruhigen Atmosphäre anfangs irgendwie fast genießen können. (Nur sie und „der Kleine", wie sie ihren Sohn noch immer nannte.) Aber dass es dann so kommen würde, hatte sie nicht vermutet. Natürlich hatte man ihr gesagt, dass die Absiedlungen des Tumors im Gehirn Martin verändern würden. Aber jetzt lag er nur noch schwer atmend und bewusstlos in seinem Bett, reagierte kaum noch auf ihre Anwesenheit und stöhnte ständig vor sich hin. Dieses Stöhnen war es im Grunde genommen, das sie so verzweifeln ließ. Zwar versicherten ihr die Schwestern immer wieder, dass dies kein Zeichen für Schmerzen sei. Sie versuchten, ihr zu verdeutlichen, dass es eigentlich ein entspanntes, erleichterndes Stöhnen sei. Aber woher wollten die das wissen? Sie als seine Mutter fand es einfach unerträglich, ja irgendwie unwürdig. „Jedem Tier würde man an in solcher Situation eine Spritze geben. Dann wäre es vorbei!", ging es ihr durch den Kopf. Und dieser Gedanke setzte sich mit jeder Treppenstufe, die sie weiter hinunter stieg, immer mehr in ihrem Kopf fest.

„Jedem Tier würde man an in solcher Situation eine Spritze geben. Dann wäre es vorbei!" Die Frau mit den freundlichen blauen Augen, die ihr entgegenkam, sah sie überrascht an. Offenbar hatte sie den Satz laut vor sich hin gesagt – warum auch nicht. „Habe ich nicht Recht?", fügte sie fast trotzig hinzu. Aber sie wollte gar keine Antwort auf diese Frage. Mochte die Besucherin oder wer immer das war, der ihr da entgegengekommen war, doch denken, was sie wollte. Sie ging ihren Weg weiter. „Jedem Tier würde man in solcher Situation eine Spritze geben. Dann wäre es vorbei!"

Die Besucherin, die Marta Lehman auf der Treppe begegnet war, war eine der freiwilligen Begleiterinnen des Hospizes. Sie war nicht nur erstaunt, sondern entsetzt. Ein solcher Satz im Hospiz! Das war doch glatte Aufforderung zur Euthanasie. Empört ging sie auf die Hospiz-Station. „Stellt euch vor, was mir eben auf der Treppe passiert ist…" berichtet sie den Pflegekräften, die gerade bei der Übergabe im Stationszimmer sitzen. Die Stationsleiterin, Schwester Margret, sieht sie aufmerksam an. „Meinst du, wir wären hier vor solchen Gedanken gefeit?", fragt sie. „Aber gut, dass du dieses Thema ansprichst. Ich mache mir schon seit ein paar Tagen Sorgen um Frau Lehmann. Ich habe den Eindruck, man kommt gar nicht mehr an sie heran. Aber ihre Not scheint doch noch größer zu sein, als ich vermutet habe. Wie geht es euch damit?", wendet sie sich an die Kolleginnen.

In dem anschließenden Teamgespräch wird deutlich, dass die Mitarbeiterinnen das Fortschreiten der Krankheit bei Martin Lehmann als sehr allmählich erlebt hatten und der Verlauf ihnen aufgrund ihrer Erfahrung „normal" erschienen war. Ihnen war daran gelegen, durch behutsame Pflege und kundige medikamentöse Linderung der Beschwerden den letzten Weg für Martin Lehmann so angenehm wie möglich zu gestalten. Befriedigt hatten sie festgestellt, dass er zwar allmählich sein Bewusstsein mehr und mehr einbüßte, dabei aber entspannt und irgendwie zufrieden wirkte. Sein Stöhnen war eher ein forciertes Ausatmen, das Ausdruck dieser Entspannung zu sein schien. „Aber darüber haben wir offenbar seine Mutter fast vergessen", wandte Schwester Ingeborg ein. „Ich merke gerade, dass mich das ganz hilflos macht." „Ja", fällt Schwester Margret dazu ein „vielleicht ist es das ja: Diese Hilflosigkeit, die die Mutter so unglücklich sein lässt. Wir als Pflegende können doch immer etwas an Martin Lehmann tun. Aber sie – sie sitzt am Bett und verliert zunehmend all das, was ihr bisher an Fürsorge möglich war: ein bisschen Essen geben, ein wenig über Vergangenes reden..." „Und alles andere, nämlich die Pflege nehmen wir ihr ja ab", fügt Schwester Ingeborg nachdenklich zu. „Vielleicht tun wir da ein bisschen zu viel des Guten?"

So entsteht in dieser Teamsitzung allmählich der Plan, Frau Lehmann intensiv in die Pflege einzubeziehen – und zwar in alle pflegerischen Maßnahmen. „Aber wird sie das nicht überfordern?", wendet die freiwillige Begleiterin kritisch ein. „Ich weiß, wie schwer mir selbst die Mitwirkung gerade an der Intimpflege anfangs gefallen ist." „Natürlich müssen wir sie fragen, ob sie damit einverstanden ist", stimmt Schwester Margret zu, „aber du weißt doch: Wenn Angehörige sich völlig erschöpfen können, ist es oftmals in der Trauer eine große Erleichterung, zu wissen, dass man das Äußerste gegeben hat."

Frau Lehmann lebt unter der neuen Aufgabe regelrecht auf. Nach anfänglichem Zögern stimmt sie dem Angebot der Mitarbeiterinnen zu und erlebt, dass sie Martin nun endlich wieder nahe kommt. Sie spürt ihn und sie hat den Eindruck, dass auch er sie spürt. – Dann aber passiert etwas Unvorhergesehenes: Mitten in der Pflege beginnt Martin massiv zu bluten. Die Schwestern reagieren schnell und kundig und die Blutung stoppt alsbald wieder. Aber Frau Lehmann hat es im wahrsten Sinne des Wortes „umgehauen". Sie hat einen Schwächeanfall erlitten und kann gerade noch von einer der Mitarbeiterinnen aufgefangen werden, ehe sie sanft zu Boden sinkt.

„Das war zu viel für sie. Vielleicht sind wir doch ein bisschen zu weit damit gegangen, sie in die Pflege vollständig einzubeziehen", zweifelt eine der Schwestern. Aber sie hat nicht mit Frau Lehmanns Energie gerechnet. Die sitzt bereits wieder am Bett des Sohnes, tupft ihm behutsam den Schweiß von der Stirn, ist ganz bei ihm. Auf die entsprechenden Frage der Stationsleiterin reagiert sie fast empört: Natürlich will sie weiter in die

Pflege einbezogen werden. Jetzt weiß sie doch, dass sie noch etwas für den Sohn tun kann. Das wird sie sich gewiss nicht nehmen lassen. Dass einem bei so viel Blut auch mal schlecht werden kann, sei doch wohl normal. „Aber so was geht bei mir schnell wieder vorbei."

Zwei Wochen später ist Martin Lehmann gestorben. Sehr ruhig. Selbst das Stöhnen hat schließlich aufgehört. Bei der Abschiedsfeier im Hospiz weint Marta Lehmann hemmungslos. Sie weiß, dass alle das verstehen werden, nach dem, was sie für Martin getan hat. Und schließlich gehört sie ja zum Team dazu. Da braucht sie sich vor niemandem zu schämen.

Drei Monate später besucht Marta Lehmann die Station wieder. Sie wirkt sehr gefestigt. Auch die Mitarbeiterin, die die Trauernachsorge bei ihr übernommen hat bestätigt, dass sie natürlich über den Tod ihres Sohnes trauert. Aber zugleich ist sie richtig stolz darauf, was sie geleistet hat. Immer wieder erzählt sie die Sache mit der Blutung und dass sie trotzdem weitergemacht hat. – Ein Jahr später wird die Trauerberaterin dann dem Team berichten, dass sie bisher kaum eine Mutter getroffen hat, die die Trauerzeit so stabil und gesund überstanden hat.

Marta Lehmann litt zweifellos. Aber sie litt nicht unter den Schmerzen ihres Sohnes, sondern darunter, dass sie ihr Kind verlor. Sie litt aber vor allem daran, dass sie schon jetzt, noch vor seinem Tod, den Kontakt zu dem bewusstlos gewordenen Sohn verloren hatte. Das war es, was sie nicht aushielt. Dann schon lieber seinen raschen Tod in Kauf nehmen. Aktive Sterbehilfe erschien ihr da die plausibelste Lösung.

Marta Lehmann hätte vermutlich niemals selbst ihren Sohn getötet. Aber wenn man ihr ein entsprechendes Angebot gemacht hätte, wer weiß, ob sie dem nicht zugestimmt hätte. Wir erleben also bei den Angehörigen ein analoges Phänomen wie bei den Kranken: Der Tötungswunsch ist vielleicht vorhanden, aber die Tat kann nicht durchgeführt werden. Zu hoch sind die Barrieren in unserer Seele, die uns an der Tötung eines Mitmenschen hindern. Die Schwelle zur Tötung wird aber erniedrigt, wenn andere bereit sind, dies durchzuführen, zu unterstützen.

Wer tötet?

Die Tötung eines anderen Menschen unterliegt in unserer Kultur einer intensiven Tabuisierung und ist von schwerster Strafe bedroht. Dennoch kennen die weitaus meisten Menschen Tötungsimpulse. „Ich könnte ihn umbringen!" Solche Sätze gehen Menschen durchaus leicht von den Lippen – und bleiben zum Glück in der Regel folgenlos. Sie drücken nichtsdestoweniger aus, dass der Mensch, der sie ausspricht, völlig außer sich ist, am Ende seiner Möglichkeiten, seiner Geduld, seines Verständnisses. Analysiert man solche Fremd-Tötungsimpulse, kommt man zu einem ähnlichen Ursachenspektrum wie wir es oben bei den Selbst-Tötungsimpulsen kennen gelernt haben: Auch bei Fremdtötungsimpulsen stoßen wir auf Menschen, die in eine subjektiv unlösbar erscheinende Situation verstrickt sind. Sie wissen nicht mehr aus noch ein. Dann erscheint die Tötung eines Menschen die letzte noch verbleibende und annehmbarste Lösung eines Konfliktes. Im Lehrbuch der Psychiatrie von Klaus Dörner[79] findet sich dann auch der Satz: „Sich und andere zu töten, ist die endgültige Art, eine Ausweglosigkeit auszudrücken, ein Lebensproblem zu lösen und daher immer auch eine Lösungsmöglichkeit jeder Krise." Es lässt sich deshalb in der Regel nicht vorhersagen (und auch im Rückblick kaum erklären) weshalb der

---

[79] Dörner, K./ Plog, U./ Teller, C. (2004)

eine Mensch in einer verzweifelten ausweglosen Lebenssituation sich selbst tötet, während der andere einen Mitmenschen tötet oder ihn wenigstens mit in den Tod nimmt.

Ein Mensch, der einen anderen tötet, tut dies aus extremer Verzweiflung und Hilflosigkeit, weil er andere Möglichkeiten der Krisenbewältigung nicht mehr erkennen kann. Dies steht nicht in wirklichem Gegensatz zu der Tatsache, dass Gerichte Mörder verurteilen, weil sie Vorsatz, niedrige Beweggründe und Heimtücke unterstellen. Diese Kategorien können einer psychologischen Beurteilung oftmals nicht standhalten.

In unserem Zusammenhang sind Patiententötungen durch Pflegekräfte von besonderer Bedeutung. Solche Ereignisse gehen meist unter intensivem Interesse der Öffentlichkeit durch die Medien. Es wird von abscheulichen Taten an hilflosen Menschen gesprochen und Gerichte verhängen unter dem Beifall des Publikums hohe Haftstrafen. Liest man das Ergebnis von Begutachtungen (so sie denn stattfinden) kommt man durchaus ins Nachdenken. Dort werden Menschen geschildert, die zwar juristisch als Täter eingestuft werden müssen, psychologisch aber eher so etwas wie Opfer sind. Täteranalysen zeigen,[80] dass Erschöpfung, Überforderung, psychische Krisen, Selbst-Isolation und seelische Erstarrung häufig im Vorfeld von Patiententötungen durch Pflegende zu finden sind. Diese Menschen sind am Ende und völlig ausgebrannt. Sie können das Leid, das sie umgibt, nicht mehr aushalten, empfinden das Leben ihrer Opfer als zu leidvoll, zu qualvoll, und deshalb als nicht mehr lebenswert.

Zu befürchten ist, dass die ans Tageslicht gelangten Taten

---

[80] Beine, K.-H. (1998), S. 245 f.; Maisch, H.(1997); Beine, K.-H. (2006)

nur die Spitze eines Eisberges darstellen. Dunkelfeldstudien,[81] in den USA und Australien beschreiben, dass rund 20 Prozent der repräsentativ befragten Pflegekräfte mindestens einmal in ihrem Leben einen Menschen absichtlich und illegal getötet haben. Es ist schwer zu erkennen, weshalb dies in Deutschland anders sein sollte. Hierfür sprechen nicht zuletzt Befragungen von Pflegekräften, die deren Bereitschaft zur aktiven Sterbehilfe zu erkunden suchen[82]. Erschreckende Daten, gewiss. Aber repräsentieren sie nicht letztlich nur das, was auch gesamtgesellschaftlich gedacht und – jedenfalls von einer Mehrheit – für richtig gehalten wird? Und welche Wirkung muss es gerade auf potentielle Täterinnen und Täter haben, wenn menschliches Leben wieder öffentlich in Frage gestellt wird? Dies ist ja auch Teil der Brisanz der Diskussionen um Patientenverfügungen für Menschen mit nicht unmittelbar tödlich verlaufenden Erkrankungen. Wenn z.B. selbst die Evangelische Kirche in Deutschland in ihrem Eckpunktepapier zur Patientenverfügung[83] die Tötung von schwerstbehinderten Menschen im Wachkoma durch Beendigung der Nahrungszufuhr als plausible Denkmöglichkeit diskutiert, kann sich dies auf die Entwicklung der Moral desaströs auswirken. Rückt dann nicht die Option, behinderte Menschen zu töten, wieder in den Bereich des Möglichen?

Euthanasie vollziehen

Von freiwilliger Euthanasie sprechen wir dann, wenn ein Mensch (z.B. aufgrund einer schweren Erkrankung) getötet

---

[81] Kuhse, H./ Singer, P. (1993), S. 311ff.; Stevens, C.A., Hassan, R. (1994), S. 541ff; Asch, D.A.(1996), S. 1374ff.
[82] Beine (1998), S. 258 ff.; Böttger-Kessler, G. (2006)
[83] Evangelische Kirche in Deutschland (2007), S. 4

werden will und ein anderer bereit ist, diesem Wunsch nach-zukommen. Grundsätzlich haben wir Menschen eine Hem-mung, uns selbst oder andere zu töten, es sei denn in ver-zweifelten Extremsituationen. Deshalb wird auch aktive Ster-behilfe nur dann möglich, wenn zwei verzweifelte Menschen aufeinandertreffen. *Aktive Sterbehilfe wird damit zum Aus-druck extremer Hilflosigkeit in der Begegnung zweier Men-schen, die sich in einer subjektiv unlösbar erscheinenden Krisensituation treffen.* Allerdings mit einem wichtigen Un-terschied zur Einzeltat: In der Euthanasie-Handlung erleben beide den Selbsttötungswunsch respektive den Fremdtö-tungswunsch des jeweils anderen als eine Erleichterung für die Durchführung des je eigenen Impulses: Der suizidale Mensch, dessen suizidaler Handlungsimpuls durch eigene „Überlebens-Instinkte" instinktiv gebremst wird, kann dies durch die Unterstützung eines tötungsbereiten (homizida-len) Helfers kompensieren. Dessen „psychische Bremse" zur Tötungshandlung andererseits wird gelockert durch den dringenden Suizidwunsch des Handlungspartners. Auf die-se Weise kommt es, dass aktive Sterbehilfe – jenseits aller ethischen oder moralischen Urteilsbildungen –als der Aus-druck extremer Hilflosigkeit in der Begegnung zweier Men-schen verstehbar ist. Diese *gemeinsame Hilflosigkeit* entlädt sich gewissermaßen eruptiv in der aktiven Sterbehilfe. Dies jedenfalls gilt für Einzeltaten und Einzeltäter.

Sofern es innerhalb einer Gemeinschaft von Menschen ein Verbot der Euthanasie gibt, werden letztlich Fälle von aktiver Sterbehilfe aus den vorgenannten Gründen wohl eher im-mer seltene Ausnahmen bleiben. Anders ist es, wenn solche (Selbst-) Tötungshandlungen von der jeweiligen Gemein-schaft akzeptiert werden. Insbesondere aber dann, wenn die Täter sich als eigene Gemeinschaft erleben, wie dies bei den ehrenamtlich Helfenden der Schweizer Sterbehilfeorganisationen der Fall ist oder auch bei den Euthanasie-Ärzten in den Niederlanden. Solche Gemeinschaftlichkeit scheint die Schwelle für Tötungshandlungen deutlich zu reduzieren. (Ob sich damit zugleich auch die Gewissenskonflikte des Einzelnen reduzieren, ist bislang in diesem Zusammenhang nicht untersucht worden.)

Der polnische Science Fiction-Autor Stanislaw Lem äußerte hierzu einmal: „Wenn eine Verantwortung generell getragen wird, fühlt sich niemand verantwortlich – das ist wie bei einem Fakir auf dem Nagelbrett – er spürt den einzelnen Nagel nicht." Und er fährt fort: „Als die deutschen Psychiater vor dem Zweiten Weltkrieg und auch in seinen ersten Jahren viele psychisch Kranke ermordeten, war das auch eine kollektive Tat."[84] Dies machte das Problem organisierten Tötens besonders deutlich: Die jedem Menschen innewohnende emotionale Sperre – einem anderen Menschen das Leben zu nehmen – wird auf diese Weise aufgehoben. Dem können zwar moralische Bedenken entgegengesetzt werden, sie erweisen sich jedoch als weit weniger wirksam, als die psychologischen Mechanismen, die uns Menschen innewohnen.

Euthanasie auf der schiefen Ebene

Die niederländischen Euthanasie-Befürworter argumentierten und argumentieren noch, dass ihre Regelung zur aktiven Sterbehilfe der Transparenz diene. In anderen Ländern, so wird gesagt, kämen Fälle von aktiver Sterbehilfe ebenfalls vor, blieben nur im Verborgenen. Dem muss nicht widersprochen

---

[84] Zit. nach: Wanschura, W. (1996), S. 55

werden. Allerdings: Mit der Transparenz scheint es auch in den Niederlanden nicht wirklich zu funktionieren; denn seit einigen Jahren stagniert dort die Zahl der gemeldeten Euthanasie-Fälle. Dies wird als Indiz dafür gewertet, dass die Bereitschaft, aktive Sterbehilfe zu melden, nachlässt. Fachleute vermuten, dass dies daran liegt, dass Ärzte davon ausgehen, dass Euthanasie ja ohnedies erlaubt sei und man sich den „Verwaltungskram" deshalb ruhig sparen könne[85].

Aber damit nicht genug: Euthanasie wird ganz offensichtlich auch immer wieder schlicht deswegen vollzogen, weil den behandelnden niederländischen Ärzten angemessene Behandlungsalternativen (wie z. B. Palliativmedizin) nicht bekannt sind. Und allmählich kommt es bereits zu einer Aufweichung der Regel, dass Euthanasie nur an schwerstkranken Menschen, im Endzustand einer tödlichen Krankheit, straflos angewandt werden darf. So werden bereits in Einzelfällen Suizide bei beginnender Demenz (die ja keine tödliche Krankheit darstellt) ärztlich unterstützt und wird von der Universitätsklinik in Groningen ein Leitfaden für die Tötung von schwerstbehinderten Neugeborenen entwickelt[86]. Auch die Tötung von Menschen, die einfach nur unter „Lebensmüdigkeit" leiden, soll nach dem Willen der größten niederländischen Ärzteorganisation kein Tabu mehr sein.

Was also damit begann, dass die Euthanasie bei einwilligungsfähigen Erwachsenen mit unheilbaren Erkrankungen und schwerstem Leiden gesellschaftlich akzeptiert und juristisch straffrei gestellt wurde, ist inzwischen massiv ausgedehnt worden. Zunächst wurde über die Ausweitung auf Minderjährige diskutiert, dann sollten psychisch Kranke einbezogen werden und heute geht es bereits um Euthanasie an

---

[85] Jochemsen, H. (2007)
[86] Sheldon, T. (2004), S. 591

schwer kranken Säuglingen. Das alles, obgleich in den anfänglichen Diskussionen die Vermutung empört zurückgewiesen wurde, dass es jemals zu einer solchen Ausweitung kommen könnte[87]. Heute scheinen sich solche Grenzziehungen weitgehend aufzulösen und es muss ernsthaft gefragt werden, ob es künftig noch irgendeine Gruppe geben wird, bei der die Euthanasie nicht angewandt werden soll.

Diese Entwicklung bewirkt eine fatale Bewusstseinsveränderung in der niederländischen Öffentlichkeit: Aus der Chance zur Euthanasie entwickelte sich schleichend fast so etwas wie eine *Pflicht zur Euthanasie*. Dadurch können nicht zuletzt Angehörige unter Druck geraten, wenn sie z. B. von Mitmenschen gefragt werden, weshalb sie dem kranken Vater oder der kranken Mutter „das alles" noch weiter zumuten.

Aber auch Ärzte können unter Druck geraten, wenn Angehörige nicht mehr unter fürsorglichen Aspekten eine Lebensprognose für einen Kranken erbitten, sondern unter dem Aspekt der Lebensplanung. Nach dem Motto: In vier Wochen stehen gravierende Veränderungen in unserem beruflichen Umfeld an, dann sollte das Problem eigentlich gelöst sein. Überleben ist dann nur noch eine von verschiedenen Handlungs- und Behandlungsoptionen, die dem Kranken (und seiner Familie) angeboten werden können[88].

Am gefährlichsten an diesem schleichenden moralischen Erosionsprozess ist vielleicht die Tatsache, dass in vielen Fällen gar nicht der Sterbewunsch des kranken Menschen im Zentrum steht, sondern die Annahme der Umwelt, dass „so ein Leben" doch nicht mehr lebenswert sein könne und deshalb Euthanasie auch ohne Zustimmung des Kranken in

---

[87] Simon, E. (2007), S. 570
[88] Simon, E. (2007)

„wohlmeinender Absicht" ausgeübt wird, wenn beispielsweise niederländische Ärzte als Grund für die aktive Beendigung eines Patientenlebens angeben, die Angehörigen seien mit der Situation überfordert. 1995 wurden in den Niederlanden in 17 Prozent der Fälle Menschen ohne ausdrücklichen Wunsch getötet und zudem in einem erheblichen Umfang Tötungen an entscheidungsunfähigen Menschen durchgeführt[89].

Terminale Sedierung – das Recht umgehen?

Iris Sachs ist eine junge Frau Anfang 30. Sie leidet an einem seit Jahren unheilbar fortschreitenden Hirntumor. Ihre Krankheit erträgt sie mit einer bemerkenswerten Gelassenheit und Ruhe. „Krebs liegt halt bei uns in der Familie" kommentiert sie die Tatsache, dass bereits ihre Mutter und die Großmutter diesem Leiden erlegen sind. Irgendwie kommt sie mit der Krankheit zurecht. Verschiedene Krankenhausaufenthalte hatten immer wieder Hoffnung auf Stillstand des Tumorwachstums aufkommen lassen. Aber jedes Mal war sie wieder enttäuscht worden. Am Ende hatte sie die Therapieversuche aufgegeben. Aber das war eher „vernünftig" gewesen, nicht resignativ.

So lange wie möglich wollte sie in ihrer Wohnung bleiben und wurde dabei von ihren Angehörigen und einem Pflegedienst unterstützt. Als sie schließlich – weil die Lähmungserscheinungen zunehmen – für ihren Alltag mehr Hilfe braucht, als ihr zu Hause oder in einem Pflegeheim angeboten werden kann, wird sie in den stationären Bereich eines Hospizes aufgenommen. So hatte sie es sich gewünscht. Immer wieder auftretende zusätzliche Beschwerden kann sie mithilfe der Pflegenden und ih-

---

[89] Jochemsen, H. (2004), S. 242 ff.

ren Angehörigen gut bewältigen und erträgt alles mit bemerkenswerter Geduld. „Ich bewundere sie. Aber manchmal ist mir diese Gelassenheit auch fast unheimlich", äußerte einer der Schwestern einmal während der Dienstbesprechung.

Als Frau Sachs aufgrund des Tumorwachstums erblindet, ist es, als sei hierdurch eine Grenze ihrer Tragfähigkeit überschritten worden. Eine schwer wiegende Veränderung ihres gesamten Befindens tritt ein. Sie reagiert deprimiert, nimmt zusätzliche neurologische Ausfälle verstärkt war und klagt schließlich über schwere Schmerzzustände. Diese Schmerzen treten in Attacken immer häufiger auf: „Als wenn mir mit glühenden Messern in die Extremitäten gebohrt würde", jammert sie verzweifelt. Die Schmerzen sind trotz aller Bemühungen medikamentös nicht wirklich zu beheben. Die kranke Frau wirkt in einer Weise gequält, die auch für die Mitarbeitenden kaum auszuhalten ist. „Ihr sagt doch immer, unter unerträglichen Schmerzen müsse heute niemand mehr in einem Hospiz leiden! Aber was ist mit mir?".

In dieser Woche ist Frau Sachs in jeder Dienstbesprechung Thema. Ihre Verzweiflung steckt das Team an. Die Ratlosigkeit quält. „Wäre das nicht ein Fall für terminale Sedierung", fragt schließlich Krankenpfleger Josef vorsichtig. Die irritierten Blicke der Kolleginnen sind ihm sichtlich unangenehm: „Habe ich da etwas Falsches gesagt?"

Die terminale Sedierung (gelegentlich auch als finale bzw. palliative Sedierung bezeichnet*) ist eine Behandlungsform unerträglichen Leidens durch die Gabe von sedierenden, schlafanstoßenden Medikamenten, die in Deutschland noch nicht all zu lange diskutiert wird. Umso kontroverser verläuft diese Diskussion inzwischen und es tun sich tiefe Gräben auf zwischen den Befürwortern und denen, die diese Behandlungsform ablehnen. Wo aber liegt das Problem?

Tatsächlich können in der modernen Palliativmedizin mindestens 93 – 98 Prozent aller seelischen und körperlichen Leiden am Lebensende behoben werden[90]. Das bedeutet aber zugleich, dass immer auch einige wenige Kranke bleiben, bei denen keine ausreichende Symptomkontrolle erzielt werden kann. Dies sind auch diejenigen, mit denen die Euthanasie-Organisationen argumentieren, um die aktive Sterbehilfe durchzusetzen. Wie kann ihnen geholfen werden? Hier scheint sich die terminale Sedierung anzubieten.

Die Methode der terminalen Sedierung ist in Anlehnung an ein typisches Vorgehen in der Anästhesie entlehnt und erfreut sich deshalb bei Anästhesisten auch besonderer Beliebtheit. In der Anästhesie werden auf Intensivstationen Menschen in ein „künstliches Koma" (besser: „Langzeitnarkose") versetzt – z. B. dann, wenn sie durch schwerste Verletzungen so beschädigt sind, dass sich der Körper anders nur schwer erholen könnte oder gar eine künstliche Beatmung für einige Zeit durchgeführt werden muss[91]. Die Methode dient also der Entlastung des kranken Körpers, unterstützt die Regeneration und schützt den Betroffenen mit dem Ziel, ihn möglichst gesund weiterleben zu lassen. Dabei wird diese „Narkose" möglichst flach gehalten, der kranke Mensch also so wenig wie möglich betäubt – jedenfalls nicht mehr, als für die Heilung sinnvoll und erforderlich ist. Gleichzeitig werden alle Körperfunktionen sorgsam überwacht und eine gute Versorgung mit Nahrung und Flüssigkeit sichergestellt, um mögliche Schadwirkungen dieser Betäubung zu vermeiden. Allerdings wirkt die Methode in erster Linie auf den Körper betäubend. Die Seele ist unter Umständen noch durchaus wach. Einige der Kranken berichten im Nachhinein, in welch

[90] Husebø, S./ Klaschik, E. (2006)
[91] Prange, H./ Bitsch, A. (Hrsg.)(2004)

erschreckend hohem Maße sie ihre Umgebung wahrgenommen haben, ohne sich jedoch äußern zu können. Das könnte möglicherweise darauf hinweisen, dass diese Behandlungsmethode nur auf rein körperliche Schmerzen wirkt.

Ähnlich funktioniert auch die terminale Sedierung. Die Sterbenskranken werden in eine Art Narkose versetzt, um ihr Leiden nicht mehr zu spüren. Dabei wird die Betäubung bei sachgerechter Anwendung so flach wie möglich gehalten. Manche Menschen benötigen nur ein wenig „Benebelung", um mit den Beschwerden recht gut zurechtzukommen. Einige können später auch wieder völlig wach werden, wenn die belastenden Symptome nachgelassen haben. Eigentlich ein elegantes Verfahren, sollte man meinen.

Das Problem bei der terminalen Sedierung liegt in der ganz anderen Situation der Kranken, verglichen mit der des typischen Patienten einer Intensivstation: Sie werden nicht mehr gesund. Deshalb wird bei diesen Patienten auch gefragt, ob es überhaupt noch einen Sinn mache, sie so sorgsam hinsichtlich ihrer Vitalfunktionen wie Atmung und Herz-Kreislauf-Funktion zu überwachen, wie dies auf einer Intensivstation üblich wäre. Dadurch nimmt man das Risiko eines beschleunigten Todes als Folge der „Narkose" billigend in Kauf. Es ist jedoch nicht das ausdrückliche Ziel, den Tod herbeizuführen. Damit handelt sich hier um einen typischen Fall *indirekter Sterbehilfe.*

Die Methode enthält allerdings ein durchaus „verführerisches Potential". Dies wird deutlich, wenn es um die Frage der Fortführung der Ernährung geht. Lohnt es sich dennoch, einen solchen Menschen, der ohnedies dem Tode geweiht ist, weiter zu ernähren und mit Flüssigkeit zu versorgen? „Er stirbt doch ohnedies", könnte argumentiert werden. Das mag richtig sein. Er stirbt dann aber letztlich nicht an seiner Krankheit, sondern an den Folgen des Abbruchs der Ernährung. Oder zugespitzt formuliert: Er wird in Narkose getötet. Das macht die Brisanz des Problems deutlich. Die Situation in den Niederlanden mag dies illustrieren: Da in den Niederlanden die terminale Sedierung auch bei Beendigung von Nahrungs- und Flüssigkeitszufuhr stets als passive (und damit erlaubte) Sterbehilfe angesehen wird, die nicht meldepflichtig ist, wird diese Methode dort zur Tötung von kranken Menschen genutzt[92]. In einer Vielzahl der Fälle ist dabei nicht die Symptomkontrolle, sondern die Tötung das eigentliche Ziel[93]. Terminale Sedierung mit gleichzeitigem Nahrungsentzug stellt also eine weitere Möglichkeit dar, um dem Gesetz zur Anwendung der Euthanasie aus dem Wege zu gehen.

In Deutschland wird dieses Thema in der Öffentlichkeit bislang nicht wirklich diskutiert. Sie bleibt der ethischen Diskussion in elitären Fachzirkeln vorbehalten und wird oft auch noch in englischer Sprache geführt. Das bedeutet, dass die Mehrzahl (auch der potentiell Betroffenen) in keiner Weise beteiligt wird und sich aufgrund von Informationsdefiziten auch gar nicht beteiligen kann.

Noch ist der Widerstand in Deutschland gegen eine terminale Sedierung immer dann spürbar, wenn der Kranke sich nicht im unmittelbaren Sterbeprozess befindet, sein Leiden vor allem in seelischen Beschwerden begründet ist und wenn terminale Sedierung mit Abbruch der Ernährung einhergeht[94].

---

[92] Sheldon, T. (2004), S. 368
[93] Rietjens, J.A., et.al. (2004)
[94] Simon, A., et al. (2007)

In seinem bemerkenswert selbstkritischen Überblick[95] zeigt der Berliner Palliativmediziner Müller-Busch, dass die Anlässe zur terminalen Sedierung umso häufiger in psychosozialen Gründen liegen, je länger terminale Sedierung in einer Institution praktiziert wird. Und vor allem: Die Anwendung nimmt im Laufe der Jahre kontinuierlich zu, wenn einmal in einer Einrichtung damit begonnen wurde. Wie gesagt: Ganz offensichtlich ein verführerisches Potential, das die eingangs beschriebene Hemmung zu töten, kontinuierlich sinken lassen könnte – mit im wahrsten Sinne lebensgefährlichen Folgen. Denn nicht zuletzt die deutliche Zunahme ihrer Anwendung zeigt, dass – weil die Methode so einfach anwendbar ist – möglicherweise weniger Fantasie, weniger Engagement eingesetzt wird, um alternative Lösungen zu finden. Diese Gefahr ist umso größer, je geringer das palliativmedizinische Wissen in einer Einrichtung und je geringer die Ausbildung der Mitarbeiter im Umgang mit eigenen Ängsten und Befürchtungen ist. Denn selbst, wenn die terminale Sedierung dem Kranken nichts nützt (was er in dieser „Narkose" erlebt, ist schwer zu eruieren), so führt sie doch für Außenstehende zu einem „kosmetisch befriedigenden" Ergebnis.

Kehren wir wieder zurück zu Frau Sachs. Die Skepsis des Teams gegenüber der terminalen Sedierung stimuliert dessen Anstrengungen, alternative Lösungen für die schwer kranke Frau zu finden.

In den Gesprächen, die sie zwischen den Schmerzattacken mit Pflegenden und Ehrenamtlichen führt, wird eine ganz andere Not erkennbar. Unüberhörbar klagt sie jetzt nämlich ihre spirituelle Not: Die Religiosität ihrer Herkunftsfamilie vermag sie nicht zu teilen und sie fühlt sich zutiefst von dem Gedanken be-

---

[95] Müller-Busch, H.C./ Andres, I./ Jehser, T. (2003)

lastet, dass „nichts mehr von mir bleibt". Viele der Helfenden können der Versuchung nicht widerstehen, ihr gewissermaßen mit ihren eigenen spirituellen oder religiösen Überzeugungen „auszuhelfen". Manchmal gewinnt man fast den Eindruck, dass einiges von dem, was ihr da vorgetragen wird, sie tröstet und ihr Erleichterung verschafft. Dann schwinden auch immer die Schmerzattacken. Aber immer wieder zeigt sich dann nur allzu rasch, dass nichts von diesen Angeboten sie wirklich zu tragen vermag. „Wenn doch bloß etwas von mir übrig bleiben würde", klagt die Kranke.

Dieser immer wieder vorgetragene Wunsch bringt schließlich eine der Helfenden auf eine Idee: Eines Morgens bringt sie ihr von zu Hause einen Klumpen Ton mit. „Drücke mir deine Hand darin ab, damit ich etwas habe, wodurch ich mich an dich erinnern kann", bittet sie Frau Sachs. Die kranke und blinde Frau erspürt vorsichtig den angebotenen Tonklumpen, umfasst ihn dann mit der noch relativ kräftigen linken Hand und gibt ihn so verformt der Helfenden zurück. Da geschieht das Wunder: Von Stund an werden die Schmerz-Attacken seltener und verschwinden schließlich unter der weiterhin angebotenen Medikation völlig.

Iris Sachs stellt auf diese Weise noch zahlreiche Handabdrücke für Angehörige, Freunde und Mitarbeitende her. Sie spürt, dass über das Material Ton mit dem Abdruck ihrer Hand etwas von ihr bleiben wird – in einem ganz materiellen Sinne ebenso wie in einem emotionalen und spirituellen.

Heute befindet sich einer dieser Handabdrucke im städtischen Museum des Ortes. Die Museumsleitung hatte darum gebeten, einen Gegenstand, der etwas vom Leben und Sterben im Hospiz darstellt, in ihre Sammlung aufnehmen zu dürfen. Was Wunder, dass den Mitarbeitenden sogleich der Handabdruck von Iris Sachs einfiel. Etwas von ihr wird bleiben.

8. Auf dem Weg zu einer palliativen Kultur

Es ist fast schon eine Art jährliches Ritual geworden, dass das Statistische Bundesamt in den Sommermonaten die neuesten Daten für die Lebenserwartungen der Menschen in Deutschland bekannt gibt. Das Ergebnis ist von Jahr zu Jahr erfreulicher, denn die Lebenserwartungen steigen kontinuierlich. Schon heute hat jedes zweite Mädchen im Schulalter eine gute Chance, zwischen 90 und 100 Jahre alt zu werden.

Viele Menschen vermuten, dass diese positive Entwicklung Folge medizinischen Fortschritts sei. Aber weit gefehlt. Die

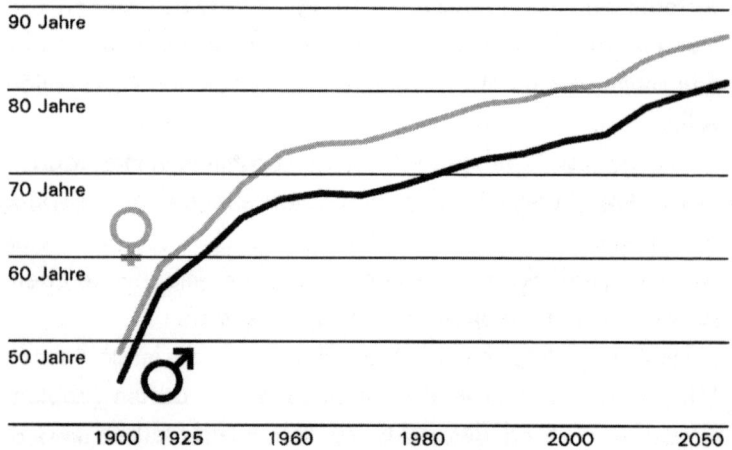

Abb. 6: Entwicklung der Lebenserwartung nach Geburtsjahrgängen und Geschlecht (Quelle: Statistische Bundesamt, grafische Aufarbeitung BKK Bundesverband)

Tatsache, dass wir immer länger leben, immer älter werden, ist zum größten Teil *sozialen Fortschritten* zu verdanken wie besserer Ernährung, gesünderem Wohnen, hygienischeren Lebensbedingungen u.ä. Dabei spielt auch der Kenntnisstand der Menschen darüber, was gut tut und was schadet, eine wichtige Rolle; das weist auf die Bedeutung der Bildung hin. Schließlich ist auch das Gefühl der sozialen Sicherheit und Lebenszufriedenheit ein wesentlicher Faktor für mehr Gesundheit.

Die Medizin liefert natürlich auch einen Beitrag, z.B. in der Unfallchirurgie und der Zahnheilkunde. Aber die spektakulären Erfolge, wie sie beispielsweise die Transplantationsmedizin verzeichnet, sind zwar mitverantwortlich für steigende Kosten im Gesundheitswesen, betreffen aber nur einer verschwindend kleinen Menschengruppe. Wirklich wieder gesund machen, kann die moderne Medizin in den wenigsten Fällen. Aber sie kann in erheblichem Maße Einfluss auf den Verlauf von Krankheiten nehmen und den konkreten Todeszeitpunkt verschieben. Damit unterliegt heute – zugespitzt formuliert – das Sterben und der Tod in hohem Maße der Manipulierbarkeit durch die Medizin, während ihr Einfluss auf das gesunde Leben eher gering ist. Eine der Auswirkungen dieser Entwicklung besteht darin, dass das Sterben im Verlaufe des 20. Jahrhunderts nicht nur eine kurze Episode darstellt, sondern meist ein sehr lang gezogener, bisweilen quälender Prozess, der von vielen Menschen mehr gefürchtet wird als der Tod.

Genau hier aber bricht ein bemerkenswerter Widerspruch auf: Die Menschen bewundern die Medizin und ihre tatsächlichen und mehr noch ihre vermeintlichen Erfolge, aber sie fürchten zugleich die schwer kontrollierbar erscheinende

Einflussnahme der Medizin auf die Krankheit. Sie fürchten vielfach, der Macht der Medizin hilflos ausgeliefert zu sein (insbesondere dann, wenn ihr Bewusstsein getrübt ist) und möchten dafür Vorsorge treffen – z.B. indem sie eine Patientenverfügung aufsetzen, die gerade die Aktivität der Medizin bremsen soll und einem „natürlichen" Tod den Vorrang geben will.

So kommt es, dass die Menschen unserer Tage voll Optimismus auf ihre Lebenschancen sehen, auf ein langes Leben hoffen – und es zugleich vermeiden, Krankheit, Alter und Sterben in den Blick zu bekommen, die Kehrseite derselben Medaille ist.

Auf einer Karikatur, die dieses Thema ironisch aufgreift, ist ein Mensch zu sehen, der auf der Intensivstation inmitten zahlreicher Apparate liegt. An seinem Bett stehen zwei Ärzte, die sich offenbar über das weitere Vorgehen unterhalten. Aus dem Mund des einen quillt eine Sprechblase mit den Worten: „In seiner Patientenverfügung hat er geschrieben, er möchte überhaupt nie sterben."

Wir müssen alles geben –
er hat in seiner Patientenverfügung geschrieben,
dass er überhaupt nie sterben möchte!

Zeichnung: Madeleine Viol

Wir fürchten die Einschränkungen, die uns am Ende unseres Lebens erwarten und wären am liebsten ein Leben lang jung und dynamisch. Und wir bemühen uns, all das, was uns an die Grenzen des Machbaren, an Altern, Sterben und Leid erinnert, aus unseren Blicken zu verbannen. Tatsächlich erscheint es nicht allzu attraktiv, in unserer Gesellschaft zu altern, insbesondere dann, wenn wir im Alter auf die Unterstützung anderer angewiesen sind, wenn Altern mit Abhängigkeit und Pflegebedürftigkeit einhergeht.

Diese Frage wird besonders aktuell, wenn man andere Daten betrachtet, die mit ähnlicher Regelmäßigkeit wie die gestiegene Lebenserwartung – sozusagen deren Gegenpart – als Schreckensmeldungen durch die Gazetten geistert: der Umgang mit alten Menschen in der Bundesrepublik. So berichtete der SPIEGEL im Sommer 2007 davon, dass laut Prüfbericht des Medizinischen Dienstes der Krankenkassen bei ambulanten Pflegediensten und in den Pflegeheimen skandalöse Zustände herrschen. Demnach bekommt jeder dritte pflegebedürftige Mensch nicht genug zu Essen und zu Trinken. Ähnlich viele liegen sich wund, weil sie nicht oft genug umgebettet werden und die Zahl der unzureichend betreuten Menschen mit Demenz liegt in der gleichen Größenordnung. Es gebe eine Reihe von Heimen, in denen die Pflege gesundheitsgefährdend sei, stellt Peter Pick, der Geschäftsführer des Medizinischen Dienstes der Spitzenverbände der Krankenkassen (MDS) deshalb kritisch fest, dort „herrschen katastrophale Zustände". Dass die Mehrzahl der Heime durchaus befriedigende Lebensmöglichkeiten anbietet, geht angesichts dieser Negativmeldungen leicht unter.

Es ist Sommerfest im Hospiz, herrliches Wetter mit strahlend blauem Himmel, angenehm warm. Mitarbeitende und ihre An-

gehörigen treffen sich im kleinen Park des Hauses. Es wird gegrillt, leckere Salate befinden sich auf einem langen Buffet, an anderer Stelle gibt es reichliche Kuchenauswahl, die von den haupt- und ehrenamtlich Mitarbeitenden gestiftet wurde.

Mit dabei sind auch drei der schwer kranken Menschen des stationären Bereiches, die sich für einige Zeit unter die Festgäste mischen. Unter ihnen ist auch Frau Fischer. Die 76-Jährige Frau leidet an einer ALS (Amyotrophen Lateralsklerose). Die ALS ist eine fortschreitende Lähmungserkrankung, die die gesamte Muskulatur willkürlich erfasst und bei Frau Fischer schon seit langem auch alle sprachlichen Äußerungen unterbindet. Sie befindet sich in halb liegender Position in einem Spezialrollstuhl. Auch ihre beiden erwachsenen Kinder und die Enkel sind heute zum Fest gekommen. Mit Hilfe von Sprechtafeln bemühen sie sich, Frau Fischers Wünsche zu entdecken. „Willst du wieder ins Haus?" fragen sie besorgt. Eine energische Reaktion der Kranken bedeutet ihnen: „Nein!" Mühsam versucht Frau Fischer etwas von dem Kuchen zu lutschen, benetzt die Zunge mit Kaffee, genießt es, mitten im Leben zu sein.

Nach etwa einer Stunde wird sie plötzlich blass, „klagt" über Unwohlsein. Die Krankenschwester, die sie betreut, fährt mit ihr und der Familie in ihr Zimmer. Dort angekommen reagiert sie kaum noch. Der Hausarzt, der auch zum Sommerfest gekommen war, kommt herbei. „Tun Sie doch etwas", flehen Sohn und Tochter. Der Arzt weiß, dass Frau Fischer im Sterben liegt, einem ganz sanften Sterben. Dennoch fühlt er sachte den Puls, misst behutsam den Blutdruck, schüttelt schließlich den Kopf, wendet sich dann der Familie zu: „Ihre Mutter stirbt", erklärt er ruhig. – Obgleich sie seit langem wissen, dass der Tod jederzeit eintreten kann, sind die Kinder erschrocken, verstört, greifen weinend nach der sterbenden Frau, nehmen sie in den Arm, wirken hilflos. Die Krankenschwester lässt ihnen Zeit, den ersten Schmerz auszudrücken. Sie wird die nächsten Stunden ganz alleine für sie da sein, wird dann die tote Mutter gemeinsam mit ihnen versorgen – und ihnen viel Zeit geben. Sie tut mit ihnen damit die ersten Schritte in die Trauer. – Die Enkel befinden sich indessen in der Obhut einer erfahrenen freiwilligen Begleiterin, die ihnen erklärt, was für sie so schwer zu verstehen ist.

Vielleicht ist Frau Fischer an einem Herzinfarkt verstorben. Wir wissen es nicht. Eine Diagnostik hat nicht stattgefunden. Therapeutische Interventionen sind – wie mit Frau Fischer und ihren Angehörigen im Vorfeld wiederholt abgesprochen – nicht mehr erfolgt. Körper und Seele durften ihren eigenen Weg finden, das Leben zu beenden.

Eine ganz besondere Form der Pflege, der psychosozialen Betreuung und der Medizin spiegelt sich in dieser Geschichte wieder. Während die Medizin unserer Tage in der Regel männlich geprägt ist und auf der Suche nach Erfolg aggressivere Behandlungsformen wählt und sich leicht im Blick auf organische Details verliert, lässt die Geschichte von Frau Fischer eine andere, weiblich geprägte Medizin erkennen. Diese „weibliche Medizin" ist in Europa jahrhundertelang verschüttet gewesen. Sie zeigt sich in drei Elementen: Der Fähigkeit, dem kranken Menschen ganz nahe zu sein und zu bleiben, obgleich das Angst macht; der Fähigkeit, mutig ganz genau hinzusehen, auch wenn Abstoßendes zu erkennen ist und schließlich im tiefen Wissen darüber, wie Beschwerden, insbesondere Schmerzen, zu lindern sind[96].

Wieder lebendig geworden ist diese Form der Medizin in der zweiten Hälfte des vorigen Jahrhunderts durch das Wir-

---

[96] Achterberg, J. (1991)

ken zweier bedeutender Frauen: Der britischen Ärztin Cicely Saunders (1918 – 2005) und der in den USA arbeitenden Schweizer Psychiaterin Elisabeth Kübler-Ross (1926 – 2004). Beide haben auf sehr unterschiedliche Weise das angestoßen, was wir heute als *Hospizbewegung* bezeichnen und was als Chiffre für einen anderen, menschenwürdigen, vielleicht auch weiblichen Umgang mit sterbenskranken und trauernden Menschen steht. Was die beiden Hospiz-Pionierinnen Kübler-Ross und Saunders besonders auszeichnete, war ihre Haltung den Betroffenen gegenüber: Sie stellten ihnen zwar ihr Wissen und ihre Erfahrung zur Verfügung, aber sie fühlten sich ein Leben lang in erster Linie stets als Lernende. Sie lernten von den Betroffenen. So eröffnete Cicely Saunders zwar 1967 in London ein Haus speziell für Sterbende, lernte aber rasch, dass die Betroffenen es eigentlich vorzogen, zu Hause zu sterben. Deshalb gründete sie wenig später einen *ambulanten* Betreuungsdienst, der nach kurzer Zeit schon weit mehr Menschen zu Hause versorgte, als in der stationären Ursprungseinrichtung betreut wurden. – Elisabeth Kübler-Ross stellte zu Beginn ihrer Tätigkeit den sterbenden Menschen ganz in den Fokus ihrer Arbeit; sie lernte aber dabei, dass vor allem die Ängste der Helfenden und Angehörigen es waren, die einer menschenwürdigen Versorgung der Kranken im Wege standen und deshalb widmete sie später den größten Teil ihres Wirkens der Bildungsarbeit für Helferinnen und Helfer.

Wenn in Deutschland heute von Hospiz die Rede ist, denken nach wie vor die meisten Menschen noch immer an ein konkretes „Hospiz-Haus". Tatsächlich überwiegen aber weltweit (und so auch in Deutschland) die ambulanten Angebote. Das macht auch Sinn, wenn man bedenkt, dass die meisten Menschen den Wunsch haben, zu Hause zu sterben, dort wo sie sich am geborgensten fühlen können. Allerdings ist der ambulante Sektor der Hospizarbeit weniger anschaulich und es muss auf abstraktere Weise vermittelt werden, was der Kern des Tuns ist. Wenn wir herauszufinden versuchen, was die Gemeinsamkeit aller Arten von Hospizangeboten ist, dann treffen wir weltweit immer wieder auf fünf Grundelemente[97], die konstituierend für diese menschenwürdige Form der Unterstützung von Menschen in der letzten Lebenskrise sind:

Das erste Kennzeichen heißt: Der sterbende Mensch und seine Angehörigen stehen im Zentrum des Dienstes.
Es bedeutet, dass die Kontrolle über die Situation ganz bei den Betroffenen liegt. Dies ist ein entscheidender Unterschied zu herkömmlichen Institutionen des Gesundheitswesens, die viel eher das Handeln nach abstrakten Therapiekonzepten oder Krankheitsvorstellungen ausrichten. – Nicht weniger wichtig ist jedoch (und auch dies ist ungewöhnlich für unser Gesundheitswesen), dass die Angehörigen in gleicher Weise bedacht werden, in dem Wissen, dass sie oftmals mehr leiden als die sterbenden Menschen selbst.

Zweites Kennzeichen: Der Gruppe der Betroffenen steht ein interdisziplinäres Team zur Verfügung.
Dieses besteht nicht nur aus medizinischem Personal, wie Ärzte und Pflegekräften, sondern bezieht weitere Berufsgruppen, insbesondere Sozialarbeiterinnen/Sozialarbeiter und Seelsorgerinnen/Seelsorger ein. Denn Sterben ist keine Krankheit, sondern eine kritische Lebensphase, die allerdings oftmals mit Krankheit verbunden ist. Hieraus entstehen vielfältige Lebensbedürfnisse, denen nur durch ein Team begeg-

---

[97] Student/ Mühlum/ Student (2007)

net werden kann, das hierfür ausgerüstet ist. – Die Teammitglieder haben aber nicht nur Aufgaben gegenüber der betroffenen Gruppe, sondern auch untereinander. Sie sollen sich gegenseitig so unterstützen, dass inneres Wachstum aller Teammitglieder gefördert und auf diese Weise dem *burn out* entgegengewirkt wird.

Drittes Kennzeichen: Die Einbeziehung freiwilliger Helferinnen und Helfer.
Diese „Ehrenamtlichen" werden im Hospiz nicht als Lückenbüßer missbraucht. Die freiwilligen Helferinnen und Helfer haben ganz eigenständige Aufgaben, indem sie zwar Alltägliches tun wie kochen, einkaufen, Kinder hüten, am Bett sitzen, reden, sich zur Verfügung stellen. Aber sie tun dies alles unter dem Aspekt des bevorstehenden Todes. Ihr Ziel ist es, Sterbebegleitung zu einem Teil alltäglicher mitmenschlicher Begegnungen zu machen und damit der Integration des Sterbens in den Alltag zu dienen, Sterbenden und Trauernden die Teilhabe an der Gesellschaft (wieder) zu ermöglichen.

Viertes Kennzeichen: Gute Kenntnisse in der Symptomkontrolle.
Hier geht es insbesondere (aber nicht nur) um die Schmerztherapie. Auf dem Gebiet der Schmerztherapie hat die Hospizbewegung in den Jahrzehnten ihres Bestehens Bemerkenswertes geleistet und erhebliche Verbesserungen herbeigeführt. Sie hat damit der Tatsache Rechnung getragen, dass es zu den größten Ängsten sterbender Menschen gehört, unter Schmerzen leiden zu müssen. Dabei geht es nicht nur um medikamentöse Strategien, sondern ebenso um die Berücksichtigung der übrigen Dimensionen menschlicher Existenz. – Hier geht es also entscheidend um Lebens*qualität* nicht Lebens*quantität*, es geht um „*care not cure*".

Fünftes Kennzeichen eines Hospizkonzeptes ist die Kontinuität der Fürsorge für die betroffene Gruppe.
Dies bedeutet vor allem, dass ein Hospizdienst rund um die Uhr erreichbar sein muss. Leider geschieht es heute immer wieder, dass Menschen kurz vor ihrem Tode noch in die Klinik eingewiesen werden, weil dieser Typus von Hilfe fehlt. Krisen im körperlichen und seelischen Bereich sind nicht an Dienstzeiten gebunden! Nicht selten fühlen sich Familien gerade in den frühen Morgenstunden oder nachts mit ihren Problemen derart allein gelassen, dass sie keinen anderen Ausweg mehr wissen, als einer Einweisung des Patienten in die Klinik zuzustimmen. Dem kann ein Hospizdienst, der rund um die Uhr erreichbar ist, oftmals schon mit geringem Aufwand per Telefon entgegenwirken. – Kontinuität der Fürsorge hat aber noch einen weiteren Aspekt: Sie bedeutet, dass die Begleitung einer Familie nicht mit dem Tod eines Angehörigen beendet wird. Gerade diejenige Person des Teams, die besonders engen Kontakt zur Familie hatte, sollte den Hinterbliebenen auch in der Zeit der Trauer weiterhin zur Verfügung stehen. Trauer ist ohnedies eine besonders krankheitsbelastete Phase des Lebens. Gute Trauerbegleitung kann diese gesundheitlichen Risiken mindern und dazu beitragen, dass die Hinterbliebenen ohne zusätzliche körperliche und seelische Schäden die Zeit nach dem Tod eines Menschen überstehen.

Diese fünf Kennzeichen der Hospizarbeit orientieren sich eher am Handlungsbedarf als an formalen Strukturen. Sie zeigen, was Hospizarbeit leistet, um Menschen ein Sterben in einer Geborgenheit zu ermöglichen, die Hoffnung gibt. Dieses Handlungsprinzip der Hospizarbeit trägt einen Namen: *Palliative Care.* Der Begriff Palliative Care ist eine Mischung aus englisch mit lateinischen Wurzeln und ist nur schwer angemessen zu übersetzen. Am ehesten trifft es vielleicht die Umschreibung: „liebevoll-schützend umhüllen". Die Weltgesundheitsorganisation beschreibt Palliative Care als einen „Handlungsansatz, der die Lebensqualität von jenen Patienten und ihren Familien verbessert, die sich mit einer lebensbedrohliche Erkrankung konfrontiert sehen und den daraus erwachsenden Problemen. Dieser Handlungsansatz will Leiden verhüten oder wenigstens lindern. Dazu werden Schmerzen und andere Probleme (seien sie körperlicher, psychosozialer oder spiritueller Art) frühzeitig wahrgenommen und sorgsam abgeklärt."[98]

Aus dieser Beschreibung wird eine interessante Ausweitung des Hospiz-Konzeptes deutlich: Die besondere Art der Unterstützung ist nicht nur für Menschen am Ende ihrer Lebens geeignet, sondern nützt allen Menschen, die direkt oder indirekt durch schwere Krankheit betroffen sind. Damit wird einerseits deutlich, dass Palliative Care (ebenso wie die Hospizarbeit) sich nicht nur an Menschen mit Krebs wendet, sondern auch und gerade an all jene, die an anderen schwerwiegenden Erkrankungen leiden, wie Herzschwäche, Nierenstörungen, Lebererkrankungen, aber auch an fortschreitender Muskelschwäche oder Demenz, Wachkoma u.Ä. Leider ist Hospizarbeit in Deutschland immer noch sehr stark auf Menschen mit Krebs fixiert, obgleich diese Personengruppe nur rund ein Viertel aller zum Tode führenden Erkrankungen ausmacht. Zahlenmäßig bedeutsamer sind die erwähnten Krankheitsgruppen, die vor allem als typische Alterskrankheiten Bedeutung haben.

---

[98] World Health Organization (2002), S. 84

Die oben angegebene Definition von Palliative Care macht aber auch erkennbar, dass diese Form der Fürsorge (anders als die klassische Hospizarbeit) schon zu einem sehr frühen Zeitpunkt einer schweren Erkrankung einsetzen kann und soll. Sie kommt also bereits jenen zugute, die eben erst von einer schweren Erkrankung erfahren haben und dadurch in eine Krise geraten sind. Sie nützt bereits im Anfang einer lebensbedrohlichen Erkrankung, wenn – möglicherweise auch im Gefolge einer auf Heilung abzielenden Therapie – schwerwiegende körperliche, seelische oder spirituelle Probleme entstehen.

Bislang wird Palliative Care in Deutschland in erster Linie in den klassischen Hospizeinrichtungen angeboten: ambulanten Hospizdiensten, stationären Hospizen und Palliativstationen. Diese eben beschriebene Definition macht demgegenüber deutlich, dass Palliative Care – soll sie denn mehr Menschen zugute kommen – aus dem Elfenbeinturm ihrer Spezialinstitutionen, wie den stationären oder ambulanten Hospizangeboten, heraustreten muss. Palliative Care sollte zu einem Unterstützungsangebot werden, das auch in allen herkömmlichen Institutionen des Gesundheitswesens realisiert wird: im Pflegeheim ebenso wie im Krankenhaus und in den ambulanten Pflegediensten.

Erfolgversprechender sind hier andere Konzepte, insbesondere das in Großbritannien und den USA entwickelte Modell der Palliative Care-Beratungs-Teams. Unter Palliative Care-Beratungsdiensten[99] versteht man ein Team von speziell im Bereich der Palliative Care geschulten und erfahrenen Fachleuten (Pflegekräfte, Ärzte und Sozialarbeiter), die andere Dienste sowie die Betroffenen *beraten*: Sie leiten die Angehörigen ebenso wie die Helfenden dabei an, mit schwer-

———
[99] Student, J.-C./ Napiwotzky, A. (2007)

wiegenden Symptomen so umzugehen, dass das Leben der Erkrankten wieder beschwerdefrei oder wenigstens beschwerdearm wird. Bislang werden hierzulande solche Modelle allerdings fast nur im ambulanten Bereich realisiert – und auch dort nur in der Versorgung von Menschen mit Krebs. Dies geschieht z. B. in Form der so genannten Brückenpflege – ein Team von Pflegekräften, die speziell in den Methoden der Palliative Care geschult sind und die krebskranken Menschen, bei denen die therapeutischen Möglichkeiten ausgeschöpft sind, beim Übergang vom Krankenhaus in den ambulanten Sektor unterstützen. Sie beraten dabei die weiter betreuenden Pflegedienste ebenso wie Hausärzte und die Angehörigen, ohne selbst pflegerisch tätig zu werden.

Die Umsetzung des Konzeptes der Palliative Care-Beratungs-Teams in stationären Einrichtungen steht in Deutschland noch weitgehend aus. Gut etabliert ist dieses Konzept der Palliative Care-Beratungs-Teams in angelsächsischen *Krankenhäusern*. Dort steht ein speziell geschultes Hospiz-Team (insbesondere Pflegekräfte und Ärztinnen/Ärzte) allen Mitarbeitenden des Hauses auf Anforderung hin zur Verfügung. Die Mitglieder des Teams *beraten* hausintern analog dem Konzept der Palliative Care-Beratungsteams im ambulanten Bereich (s. o.). Dabei lernen die Kolleginnen auf den Krankenhaus-Stationen im Laufe der Zeit, die Methoden der Palliative Care auch selbständig anzuwenden, so dass sich die Beratungsteams sozusagen selbst überflüssig machen und das Palliative Care-Wissen im gesamten Hause mehr und mehr verankert wird.

In den USA werden *Pflegeheime* auf deren Wunsch hin von den ambulanten Teams der örtlichen Hospize bei der Betreuung einzelner, terminal kranker Menschen beraten. Damit steht deren gesamtes Palliative Care-Wissen den Mitarbeitern und Mitarbeiterinnen des Heimes zur Verfügung. Das Beispiel zeigt zugleich, worauf es ankommt: nämlich auf eine optimale *Vernetzung* sozialer Dienste. Nur so können Überkapazitäten einerseits und Unterversorgung andererseits vermieden werden.

In Deutschland steht diese Entwicklung erst ganz am Anfang, gehört aber sicherlich zu den bedeutsamsten Herausforderungen der Weiterentwicklung von Palliative Care. In einer Anzahl von Pflegeheimen gibt es – gerade im ländlichen Bereich – bereits ehrenamtliche Hospiz-Gruppen, die wichtige Basisarbeit leisten. Hieran können (oder könnten) die im Heim tätigen Pflegekräfte anknüpfen. Wichtige und nützliche Ansätze gibt es bereits an verschiedensten Orten. Sie stehen Weiterentwicklungsmöglichkeiten in Richtung auf eine umfassende Palliative Care offen. Sie aufzugreifen und für die örtlichen Gegebenheiten zu modifizieren, kann gerade für Pflegekräfte in Heimen, die sich oft in ihren Möglichkeiten unterschätzt fühlen, eine zukunftsweisende Aufgabe werden. Dabei kommt es keineswegs auf Perfektion an. Jeder Schritt zu mehr Menschlichkeit im Umgang mit Sterbenskranken ist ein Schritt in die richtige Richtung.

Ein wesentlicher Vorteil eines solchen, breit in die Institution hineinwirkenden Angebotes besteht darin, dass es nicht nur den Menschen am Lebensende zugute kommt, sondern allen Bewohnerinnen und Bewohnern des Pflege- oder Behindertenheimes bzw. Patientinnen und Patienten des Krankenhauses. Auf diese Weise tragen solche Angebote dazu bei, mehr Menschlichkeit in einer Institution zu verwirklichen, was sowohl den Kranken als auch den Helfenden zugute kommt. Damit kann sich in diesen Institutionen eine neue, palliative Kultur entwickeln, die schützend und fürsorglich nicht nur die Kranken, sondern auch die Helfenden „umhüllt".

Das klingt einfach und einleuchtend. Was aber hindert daran, es auch zu realisieren? Ein wesentlicher Grund dafür ist in der Tatsache zu suchen, dass Sterben, Tod und Trauer auch bei erfahrenen Helfenden erhebliche *Ängste* auslösen. Und diese Ängste verstellen oftmals den Zugang zu helfenden Handlungen. Deshalb stellt die Bewältigung solcher Ängste die entscheidende Herausforderung bei der Ausbildung und Handlungsgestaltung von Helfenden in der Sterbebegleitung dar. Der britische Mediziner Dereke Doyle, der als Vater der modernen Palliativmedizin gilt, hat einmal gesagt: „Palliative Care ist zehn Prozent Wissen und neunzig Prozent Haltung". Hier geht es also weniger um Expertenwissen als vielmehr um Handlungsfähigkeit im Alltag im Angesicht von Sterben, Leid und Tod. Deshalb stellt die Bewältigung solcher Ängste die entscheidende Herausforderung bei der Ausbildung und Handlungsgestaltung von Helfenden in der Sterbebegleitung dar. Dies ist auch Voraussetzung dafür, dass wir vom sachgerechten Handeln einzelner Fachkräfte zu einer palliativen Kultur in Institutionen kommen.

Das Beispiel Wachkoma

Das Gesagte vermag leicht Zustimmung auszulösen – was zugleich zu der Frage führt, weshalb wir eine solche palliative Kultur nicht schon längst flächendeckend eingeführt haben. Oftmals werden dann als Hinderungsgrund für die Realisierung finanzielle Probleme angeführt. Das aber ist höchstens die halbe Wahrheit. Wie schwer es für Helfende sein kann, mit der eigenen Angst angesichts schwerer Krankheit umzugehen, illustriert vielleicht das Beispiel extremer Krankheitsformen. Als Beispiel solch einer extremen Krankheit soll hier das Wachkoma herausgegriffen werden. Grenzen und Chancen eines Handlungskonzeptes lassen sich meist besonders gut an solchen Extremen erkennen. Sie zeigen, wie tief unsere Angst sein kann und sie sind der Prüfstein dafür, wie weit unsere Menschlichkeit trägt.

Zahlenmäßig sind kranke Menschen im Wachkoma (in der Medizin auch als „Apallisches Syndrom" bezeichnet) in Deutschland von eher geringer Bedeutung. Man schätzt, dass 4000 – 8000 Menschen zurzeit in Deutschland im Wachkoma leben. Andererseits löst diese Krankheit bei Gesunden erhebliche Beunruhigung aus und stellt uns vor besondere ethische Herausforderungen. Dies lässt sich schon daran erkennen, dass in der Diskussion um Reichweite und Verbindlichkeit von Patientenverfügungen gerade diese Erkrankung immer wieder ausdrücklich genannt wird und eine besondere Rolle spielt.

Sehr viele Menschen fürchten diese Erkrankung ganz besonders. Von außen betrachtet stellt sich uns folgendes Bild dar: Nach einer schweren Beschädigung oder einer länger andauernden Durchblutungsstörung des Gehirns liegt der erkrankte Mensch wie leblos im Bett. Zwar atmet er noch und zeigt (wie wir Gesunden auch) einen Rhythmus, in dem er die Augen tagsüber geöffnet (also wach, daher der Name Wachkoma) oder geschlossen hält. Aber ansonsten wirkt er völlig unbeteiligt am Leben, fast so, als wäre er bereits tot. Da bei ihm der Schluckakt häufig gestört ist (oder niemand Zeit hat, ihm in aufwändiger Weise Nahrung und Flüssigkeit einzuflößen) muss er vielfach durch einen dünnen Schlauch, der direkt in den Magen führt, mit Nahrung versorgt werden.

Ingeborg Klein war eine besondere Person, ganz ohne Zweifel: lebenslustig, extrovertiert, „freizügig angezogen zog sie um die Häuser". Und dann traf die 54-Jährige der Schlag. Bewusstlos brach sie zusammen, wurde in eine Spezialklinik eingeliefert, am Gehirn operiert. Anschließend wurde versucht, sie in einer Klinik zu rehabilitieren. Sie blieb jedoch im Koma, das allmählich ins Wachkoma überging. Als keine entscheidenden Veränderungen im Befinden feststellbar waren, wurde sie in einem Pflegeheim weiter versorgt, drei Jahre lang. Zwar gelingt es den Pflegenden, einen gewisser Kontakt zu Ingeborg Klein aufzubauen, aber nicht so ihrem 34-Jährigen Sohn Oliver. Diese Frau, die dort fast reglos im Bett liegt, soll seine Mutter sein? Kopfschüttelnd hört er sich an, wenn die Pflegekräfte berichten, dass sie den Eindruck hätten, dass sie von der kranken und nun behinderten Frau wahrgenommen würden, was diese durch Wendung des Kopfes anzeigte. Aber Oliver möchte mehr. Er möchte etwas spüren vom Wesen jener Mutter, die er aus gesunden Zeiten kannte: ihrer Lebendigkeit, ihrer überschäumenden Lebensfreude. Mit ihren Lieblingsliedern versucht er sie einige Male wieder ins Leben zurückzuholen – und resigniert dann. Sie bleibt die ganz andere, die neue, unbekannte Mutter, die mit der alten, die er liebte, so gar nichts gemeinsam zu haben scheint.

Olivers Besuche werden seltener, seine Verzweiflung wird größer: „Ihr könnte eine Fliege über das offene Auge laufen und sie würde nichts davon bemerken", so kommt es ihm vor. Albträume quälen ihn. Aber dreieinhalb Jahre wartet er noch. Dann erwirkt er auf dem Rechtswege die Erlaubnis, bei der Mutter Ernährung und Flüssigkeitszufuhr zu beenden. Eine Patientenverfügung oder gar Vorsorgevollmacht hatte Ingeborg Klein niemals aufgesetzt. Vielleicht hätte das auch ihrem Lebensstil widersprochen. So fühlt Oliver sich auf spontane, vielleicht mehr beiläufige Äußerungen in der gesunden Vergangenheit angewiesen. Der Vormundschaftsrichter ist schließlich davon überzeugt, dass die lebenslustige Person – die ihm von Freunden von Frau Klein aus gesunden Tagen geschildert wird – ein solches Leben, wie sie es jetzt führt, nicht gewollt hätte. – Als der Sohn das Heim darum bittet, die Ernährung abzustellen, reagiert die Heimleitung mit Entsetzen. „Ihr geht es doch gut", meint der Heimleiter. „So könnte sie noch 20 Jahre leben", vermutet er. Aber der Sohn Oliver Klein ist fest entschlossen. Er vermutet, dass er mit der Beendigung des Lebens seiner Mutter deren Wunsch erfüllt. Also veranlasst er die Verlegung in ein kommunales Pflegeheim, das bereit ist, die Mutter durch Beendigung der Ernährung zu Tode zu bringen.

Aber als Frau Klein im neuen Pflegeheim ankommt und die Pflegekräfte Gelegenheit haben, sie dort kennenzulernen, fühlen sie sich nicht in der Lage, ihr die Ernährung abzustellen. Zu intensiv erleben sie nach kürzester Zeit schon den Kontakt zu Frau Klein. Schimmert da vielleicht etwas von ihrer alten Persönlichkeit durch? Ein Stück jener kontaktfrohen und -fähigen Frau, die Frau Klein vor der Erkrankung war? Vielleicht auch etwas von jener lebenshungrigen Frau, die immer so sehr am Leben hing und vielleicht jetzt noch hängt?

Drei Wochen lang lebt Frau Klein in diesem Heim. Dann wird von den Angehörigen ein weiterer Heimwechsel veranlasst. Und diesmal geht alles ziemlich schnell. Die Heimleitung der städtischen Einrichtung, in die sie jetzt aufgenommen wird, holt sich sicherheitshalber noch grünes Licht bei der Sozialdezernentin. Diese will das Thema Sterbehilfe aus der Tabuecke holen, wie sie bekundet. „Des Menschen Wille ist sein Himmelreich", formuliert sie locker. – Fünfzehn Tage nach Beendigung der Ernährung ist Frau Klein tot.[100]

Als die Geschichte ausführlich in der Zeitung erzählt wird, applaudiert die Bevölkerung. Als ein Palliativmediziner den Protest dagegen wagt und darauf verweist, dass hier eine behin-

---

[100] vgl. Freudenreich, J.O. (2006)

derte Frau zu Tode gekommen ist, wird er von seinen Vorgesetzten, der Evangelischen Kirche am Ort, lautstark zurückgepfiffen. Vielleicht ist es politisch nicht geschickt, sich mit der Sozialdezernentin anzulegen?

Geschichten wie die der Ingeborg Klein ereignen sich in Deutschland immer wieder. Allerdings geschieht dies in der Regel nicht mit solch öffentlicher Beteiligung. Aber hatten die dort Handelnden nicht Recht? War der „Zustand", in dem sich die kranke Frau befand, nicht wirklich „unwürdig"? War die Beendigung ihres Lebens nicht ein Akt, der ihre Würde sicherte? – Die Geschichte ist allerdings nicht typisch für den Umgang mit Menschen im Wachkoma. Rund 80 Prozent der Betroffenen – wir erwähnten es schon – werden von ihren Familien zu Hause betreut, meist von der Öffentlichkeit wenig beachtet. Nicht selten müssen sie in nervenaufreibender Weise (oftmals auf dem Rechtswege) auch noch darum kämpfen, dass die erforderlichen Hilfen, die die kranken, behinderten Menschen benötigen, von den Kassen oder wer sonst zahlungsverpflichtet ist, zugestanden werden.

Bei einer Fachtagung zum Thema Wachkoma berichtet eine Tochter von den Erfahrungen mit ihrer Mutter: Die noch außerordentlich rüstige 89-jährige Frau erleidet ein schweres Schädel-Hirn-Trauma, als sie in ihrem Haus, das sie noch alleine bewohnt, die Treppe hinunterstürzt. In der Klinik wird sie sogleich künstlich beatmet. Die Verletzungen erscheinen aber derart schwer, dass keine operativen Therapieangebote mehr gemacht werden. „Apallisches Syndrom" lautet die medizinische Diagnose nach wenigen Tagen der Beobachtung ihres Gesundheitszustandes.

Da die Kinder wissen, dass Maria Schulz sich in gesunden Zeiten für einen solchen Fall keine lebensverlängernden Maßnahmen mehr gewünscht hatte, bitten sie die behandelnden Ärzte, die Mutter von der Beatmungsmaschine zu trennen. Nachdem die Ärzte schließlich zugestimmt haben, wartet die Familie am Bett der Kranken auf deren Ende. Aber Maria Schulz will offenbar noch nicht sterben. Sie beginnt aus eigener Kraft immer ruhiger zu atmen und damit stabilisiert sich auch ihr gesamtes körperliches Befinden. Sie lebt, wenn auch im Wachkoma. Aber zugleich war nun die Zeit in der Klinik damit beendet: „Wir können nichts mehr für Ihre Mutter tun", lautet die Auskunft.

Die Tochter, selbst Krankenschwester, beschließt, ihre Mutter zu sich nach Hause zu nehmen und sie hier zu pflegen. Mit Hilfe entsprechender Literatur und der Unterstützung des Palliative Care-Dienstes des örtlichen Hospizes macht sie sich kundig und versucht herauszufinden, was der Mutter gut tut und welche Pflege sie am besten verträgt. Insbesondere achtet sie auf einen gleichmäßigen, „wieder erkennbaren" Tagesrhythmus, liest und singt der Mutter vor, musiziert auf einem Zupfinstrument. Aber die Mutter reagiert nicht, wirkt gänzlich teilnahmslos.

Dann entdeckt die Tochter, dass ihre Mutter auf Körperkontakt, Schmusen und Streicheln mit nachlassender Muskelspannung reagiert. Sie intensiviert diesen Kontakt mit großer Geduld und Hingabe. Schließlich öffnet die alte Frau die Augen und beginnt, um sich zu schauen. Die Tochter wird mutiger, setzt ihre Mutter im Bett auf und beobachtet erstaunt, wie Maria Schulz beginnt, mit den Blicken den Raum zu erfassen. Monate vergehen. Die Tochter hängt Bilder der Familie auf und schmückt den Raum entsprechend den Jahreszeiten. Die Mutter wirkt allmählich wacher, ahmt Mundbewegungen und Gesten der Tochter nach und greift schließlich – inzwischen ist ein Jahr nach dem Unfall vergangen – nach der Hand der Tochter. Eine intensive Geste des Kontaktes. Die Familie feiert noch drei Weihnachtsfeste und den 90. Geburtstag von Maria Schulz. „Eines Morgens ist sie nicht mehr aus der Nacht aufgewacht und lag ganz friedlich und entspannt im Bett", schließt die Tochter ihren Bericht. „Ihre Art des Gehens war ihr letztes Geschenk an uns und ich habe es nie bereut, sie mit zu uns nach Hause genommen zu haben."[101]

Als diese seltsame Krankheit, an der Ingeborg Klein und Maria Schulz litten, 1940 von dem deutschen Psychiater Ernst Kretschmer erstmals in der medizinischen Literatur beschrieben wurde, erhielt sie den Namen „Apallisches Syndrom", was übersetzt so viel heißt wie „Krankheit ohne Großhirnrinde". Dass diese Krankheit so spät „entdeckt" wurde, liegt vor allem daran, dass sie mit einer gewissen Häufigkeit erst als Folge medizinischer Intensivmaßnahmen entstanden ist, wie sie am Anfang des vorigen Jahrhunderts entwickelt wurden. Menschen konnten seither durch entsprechende medizinische Interventionen vermehrt am Leben erhalten werden, obgleich ihr Gehirn schwer beschädigt war. Einige der so intensiv Behandelten erholten sich bald wieder. Bei anderen war das nicht der Fall, sie blieben längere Zeit in einer tiefen Bewusstlosigkeit. Tatsächlich glaubte man damals aufgrund des anscheinend fehlenden Bewusstseins und vor allem der Unfähigkeit zu reagieren, dass bei diesen Menschen das Großhirn durch eine Blutung oder durch eine Verletzung völlig zerstört worden sei.

Die Vermutung, dass es sich bei Menschen im Wachkoma um Lebewesen handelt, denen etwas typisch Menschliches, nämlich das Bewusstsein für die eigene Person fehlt, erklärt manche der heute noch üblichen Umgangsformen mit ihnen. Mancherorts ist man auch heute noch leicht dazu bereit, diese Menschen durch Unterlassen der Ernährung zu töten und glaubt dabei, ihnen etwas Gutes zu tun. Verständnislos rea-

---

[101] Schrepfer, G. (2007)

gieren viele Menschen, wenn wir hierfür den Ausdruck „töten" benutzen. Denn ist das überhaupt noch ein Mensch? Ein Lebewesen ohne erkennbares Bewusstsein seiner Selbst? Hat nicht jene Angehörige Recht, die in einer Fernsehsendung von ihrer Mutter, die im Wachkoma lag, als einem „Berg Fleisch, der atmet" sprach? Spüren Sie die Angst, die sich hinter dieser abfällig klingenden Bemerkung verbirgt?

Eigentlich könnten wir es heute besser wissen. Aber offenbar dringt dieses Wissen selbst in medizinische Fachkreise nur sehr zögerlich ein, wie kürzlich wieder beim 17. Treffen der European Neurological Society (ENS) beklagt wurde[102]. Noch immer wird viel zu oft vermutet, das Wachkoma sei ein hoffnungsloser „Endzustand" und die Betroffenen lägen bewusst-, wahrnehmungs- und teilnahmslos in ihren Betten, nachdem alles Menschliche aus ihnen gewichen sei. Vormundschaftsrichter, die immer wieder (wie auch im oben geschilderten Fall der Ingeborg Klein) über das weitere Ergehen der Betroffenen zu entscheiden haben, verwechseln bisweilen sogar das Wachkoma mit dem Hirntod, wie jüngst eine Untersuchung des Kölner Staatsrechtlers Höfling zeigte[103].

Was aber ist heute nach aktuellem Stand des medizinischen Wissens unter Wachkoma zu verstehen? Zunächst einmal ist es eine Störung der Verbindung zwischen Hirnstamm und Großhirnrinde, die den Kranken in einen Schwebezustand zwischen Bewusstlosigkeit und Wachheit versetzt. Dies hat zur Folge, dass der betroffene Mensch sensorische Eindrücke nicht oder nicht vollständig bewusst verarbeiten kann, und vor allem nicht durch übliche Ausdrucksformen mit der Umwelt kommunizieren kann. Im Extremfall führt dies dazu,

---

[102] Schnakers, C. et al. (2007)
[103] Höfling, W./ Schäfer, A. (2006)

dass diese Menschen zwar Bewusstsein haben – wie kürzlich eine britische Forschergruppe in dem renommierten Wissenschaftsmagazin SCIENCE beschrieb[104] – aber über keinerlei Reaktionsmöglichkeit nach außen verfügen.

Aber ist das nicht noch viel furchtbarer? Ist die Vorstellung von solch einem eingeschlossen Leben nicht noch grauenvoller als das eines Bewusstlosen? Und wenn dann ein Mensch sogar zu Lebzeiten schon bestimmt hat, dass er oder sie so nicht leben will, ist es dann nicht angemessen ihn zu töten, indem wir seine Ernährung unterlassen? Ist dies nicht eine zutiefst menschliche Geste des Mitleides?

Ja, es ist Mitleid. Tödliches Mitleid, wie es der Sozialpsychiater Klaus Dörner[105] einmal genannt hat. Aber mit wem haben wir denn da eigentlich Mitleid? Doch wohl in erster Linie mit uns selbst. Wir leiden als Gesunde mit und vor allem unter dem Anblick des Kranken und an der Vorstellung seines Leidens. Unser Mitleid verstrickt uns mit uns selbst und steuert Handlungen, die vor allem unseren eigenen Bedürfnissen entspringen.

Gehen wir also wieder einen Moment in Distanz, in Distanz zu uns und dem Kranken. Benutzen wir unseren Kopf. Werfen wir noch einmal einen Blick auf die Forschung. Der Tübinger Medizinpsychologe Niels Birbaumer[106] untersucht in dem von ihm geleiteten universitären Institut für medizinische Psychologie und Verhaltensneurobiologie seit über einem Jahrzehnt Menschen mit dem Locked-in-Syndrom* und beschäftigt sich nicht zuletzt mit der Erforschung ihrer subjek-

---

[104] Owen, A.M. (2006), S. 1402
[105] Dörner, K. (2002)
[106] Birbaumer, N. (2005)

tiv empfundenen Lebensqualität. Die Ergebnisse sind erstaunlich: Menschen in solch „eingeschlossenen" Zuständen (sie nehmen zwar wahr, aber können nicht selbstständig kommunizieren) empfinden, selbst wenn sie künstlich ernährt und ständig beatmet werden müssen, ihr Leben ähnlich qualitätsvoll wie Menschen mit einer chronischen Erkrankung wie z.B. einem chronischen Magengeschwür. Eine der wichtigen Voraussetzungen für dieses hohe Maß an Zufriedenheit ist, dass sie sich im Kontakt mit vertrauten Menschen befinden und in kommunikative Zusammenhänge eingebunden werden. Dies ermöglicht ihnen Birbaumer durch eine von ihm entwickelte Maschine, ein computergestütztes Hilfsmittel, das die Kranken quasi durch „Gedankenkraft" (nämlich unter Ausnutzung der dadurch veränderten Hirnströme) steuern können und damit Sprachimpulse erzeugen, über die sie z.B. per E-Mail mit anderen Menschen in Kontakt treten können.

Wie steht es darum bei Menschen im Wachkoma? Wie will ich zu einem Menschen, der seiner Sinne nicht mehr mächtig ist und zu dem Signale von außen nur mühsam vordringen, der sich nicht mit Worten und oft auch nicht einmal durch Gesten deutlich äußern kann, noch Kontakt herstellen? Und, wird der Skeptiker hier vielleicht einwenden, woher weiß ich gerade bei einem Menschen im Wachkoma, wie er sich befindet, was er sich wünscht? Auch hier sind wir heute auf einem guten Weg. Die Arbeitsgruppe um Birbaumer hat mit relativ einfachen Untersuchungsmethoden nachweisen können, dass ein erheblicher Teil der Menschen im Wachkoma über die Fähigkeit zur Sprachverarbeitung verfügt[107]. Dort sucht man jetzt nach Wegen, ähnlich wie bei Menschen im Locked-in-Syndrom, eine kommunikative Verbindung

---

[107] Kotchoubey, B., et al. (2005)

herzustellen. Der Oldenburger Neurochirurg und Fachmann für Koma-Rehabilitation, Andreas Zieger, hat mit verschiedenen Methoden des Beziehungsaufbaus gearbeitet, bei denen es, vereinfacht gesagt, darum geht, die vegetativen Signale eines Menschen als Antwort ernst zu nehmen und zur Interaktion zu nutzen[108]. Hierdurch lassen sich in vielen Fällen tragfähige Beziehungen herstellen, die dem helfenden Menschen ebenso gut tun wie dem kranken. Die Geschichte von Maria Schulz ist ein gutes Beispiel dafür.

Bei Richard Krüger ist es zu einer schweren Hirnblutung gekommen. Bei dem 45-jährigen Mann hatte eine unerkannte Aussackung eines Hirngefäßes bestanden, die nun plötzlich geplatzt war. Alle medizinischen Bemühungen hatten nur begrenzten Erfolg. Er blieb zwar am Leben, wachte aber aus dem Koma nicht mehr vollständig auf, sondern blieb im Wachkoma. Seine Frau nahm ihn zu sich nach Hause. Das war für sie selbstverständlich. Sie musste jetzt allerdings das Einkommen für sich und die 9 und 13 Jahre alten Kinder alleine sichern. Deshalb mussten in der Zeit, in der die Mutter bei der Arbeit war, die Kinder einen Teil der Versorgung ihres Vaters übernehmen.

Frau Krüger bat schließlich den örtlichen ambulanten Hospizdienst um Unterstützung. Was sie besorgte, war weniger das Befinden ihres Mannes, als die Tatsache, dass ihre Kinder seit der Erkrankung des Vaters in der Schule sehr nachgelassen hatten. „Ich will doch, dass etwas Rechtes aus ihnen wird", sagte sie der Mitarbeiterin des Dienstes, die sie zu Hause besuchte.
Der Hospizdienst fand eine geeignete freiwillige Begleiterin: Eine Lehrerin im Ruhestand, die die Aufgabe der Schularbeiten-

---

108 Zieger, A. (2003)

hilfe gerne übernahm. Ihr machte die Arbeit mit den Kindern Spaß. Was sie jedoch irritierte, war die Art des Umgangs mit dem Vater. „Ich habe den Eindruck, die Kinder nehmen ihn gar nicht mehr als Vater wahr", berichtete sie in der Supervisionsgruppe. „Sie sind in der Versorgung außerordentlich geschickt und übernehmen es sogar, den Vater regelmäßig abzusaugen. Das würde ich mich selbst nie trauen. Aber sie machen das alles mit einer geradezu mechanischen Perfektion, ohne erkennbare emotionale Beteiligung. Ähnlich nehme ich auch die Mutter wahr. Sie pflegt ihren Mann bewundernswert kundig. Aber ich bezweifle, dass sie dabei irgendetwas fühlt."

Nach dem Gespräch in der Gruppe wagt es die freiwillige Begleiterin, Frau Krüger ganz behutsam auf ihre Beobachtung anzusprechen. Frau Krüger wird sehr traurig bei diesem Gespräch. „Ja", sagt sie „da haben Sie wohl recht. Wir leiden, glaube ich, alle darunter, dass wir den Vater eigentlich verloren haben, noch ehe er tot ist. Aber sie sehen ja selbst, wie er daliegt. Er atmet und verdaut noch. Aber sonst ist eigentlich alles Leben aus ihm zurückgezogen. Wir bekommen einfach keine Verbindung mehr zu ihm. Dabei wundern sich die Ärzte darüber, dass er es überhaupt noch "macht". Der Hausarzt hat erst gestern noch gemeint, dass es medizinisch gar nicht erklärlich sei, dass er all die Komplikationen, die sich in der Zwischenzeit eingestellt haben, jedes Mal überlebt hat. Es ist, als ob ihn irgendetwas in diesem Leben festhält. Dabei würde ich ihm die Erlösung durch den Tod so wünschen. Aber anscheinend kann er einfach nicht gehen. Wenn ich nur wüsste, was ihm dazu fehlt."

Das Gespräch hat bei der freiwilligen Begleiterin eine ähnliche Ratlosigkeit hinterlassen, wie sie Frau Krüger empfunden hat. In ihrer Not geht sie in die kleine Fachbibliothek des Hospizes. „Ich wollte einfach viel mehr über dieses Wachkoma wissen", erzählte sie später in ihrer Supervisionsgruppe. „Ich musste einfach etwas gegen meine Hilflosigkeit unternehmen." Alles was sie dort findet, nimmt sie mit nach Hause, um es in Ruhe zu studieren. Fast hätte sie dabei ein dünnes Heftchen übersehen, das zwischen den dicken Lehrbüchern versteckt war. Darin beschreibt der Neurochirurg Zieger eine auch von Laien recht leicht zu erlernende Möglichkeiten des Kontaktaufbaus zu Menschen im Wachkoma[109]. Was sie dort liest, erscheint ihr einleuchtend. „Fast ein bisschen zu einfach ist es mir vorgekommen." Aber es macht ihr Mut. Sie nimmt es mit zu Frau Krüger. Die Schularbeitenhilfe kann warten! Die beiden Frauen studieren das Heft und gemeinsam probieren sie aus, was darin beschrieben wird. Bei der geschilderten Methode geht es darum, feinste motorische und vegetative Zeichen wahrzunehmen und zu versuchen, sie zu verstehen. Hierüber kann dann eine Brücke der Kommunikation zum Kranken aufgebaut werden.

Einige Wochen später kommt die freiwillige Begleiterin ganz begeistert in die Supervisionsgruppe. „Es funktioniert", berichtet sie strahlend. „Ich kann gar nicht erklären, was da wirklich passiert ist. Aber Frau Krüger und die Kinder gehen jetzt ganz anders mit dem Kranken um. Da ist eine Beziehung spürbar. Genauer kann ich das nicht ausdrücken. Kürzlich habe ich gesehen, wie der Jüngste mit seinem Vater richtig gekuschelt hat. Ganz süß." Die Schularbeitenhilfe ist nur noch in großen Abständen nötig. Obgleich (oder weil?) die Kinder mehr Zeit mit dem Vater verbringen, sind ihre Leistungen in der Schule deutlich besser geworden.

Drei Monate später ist Richard Krüger tot. Eine Lungenentzündung hat sein Leben beendet. Die Familie trauert. Sie haben ei-

---

[109] Zieger, A. (2006a)

nen geliebten Menschen verloren. „Dass wir noch solch einen Kontakt zu ihm hatten, macht den Abschied viel schwerer. Aber für ihn war es wie eine Erlösung, glaube ich. Als wenn er nun endlich sterben konnte, nachdem wir noch einmal zusammengekommen sind. Vielleicht war es das, was ihm bis dahin gefehlt hatte. Und es gibt mir auch eine große Befriedigung: Wir waren wenigstens ein paar Wochen noch einmal eine richtige Familie."

Natürlich hoffen Angehörige immer wieder auf „Besserung" des wachkomatösen Menschen. Die Hoffnung ist nicht unberechtigt. Tatsächlich handelt es sich beim Wachkoma in vielen Fällen nur um ein Durchgangsstadium[110]. Nach 12 Monaten Wachkoma (Apallischem Syndrom) haben sich bis zu 52 Prozent der Betroffenen mehr oder weniger stark erholt. Bis zu 7 Prozent erreichen sogar ein nahezu unbeeinträchtigtes Leben[111]. In seltenen Fällen kommt es sogar noch nach vielen Jahren zu einem Erwachen. Diese Erholung ist allerdings entscheidend davon abhängig, in welchem Maße der kranke Mensch gefördert und rehabilitiert wird[112]. Die Angehörigen-Verbände von Menschen im Wachkoma beklagen, dass die von den gesetzlichen Versicherungen getragenen Rehabilitationszeiträume im Laufe der Jahre immer kürzer geworden seien. Andererseits zeigen kleine modellhafte Einrichtungen, die sich der Langzeitbetreuung von Menschen im Wachkoma widmen, welche erstaunlichen Entwicklungen die Betroffenen noch nach Jahren nehmen können. Sie zeigen, dass alle „hoffnungslosen Fälle", die dort betreut werden, mehr oder minder intensiv und in einer selbst für den Laien erkennbaren Art und Weise am Gemeinschaftsleben teilnehmen. Die Kranken werden nach denselben Methoden

---

[110] Ledoux, D., et al. (2007)
[111] Hufschmidt, A./ Lücking, C.H. (2006), S. 4
[112] Steinbach, A./ Donis, J. (2004)

betreut, wie sie seit langem schon für Menschen mit schweren geistigen Behinderungen angewandt werden – und sie erweisen sich als ähnlich wirksam[113]. Das ist nicht erstaunlich, denn letztlich ist das Wachkoma nichts anderes als eine erworbene geistige Behinderung.

Gerade im Zusammenhang mit Patientenverfügungen wird immer wieder die Frage aufgeworfen, wie mit einem Menschen umzugehen sei, der im Wachkoma lebt, aber in gesunden Zeiten verfügt hat, dass er *so* nicht leben wolle, sondern lieber durch Verhungern und Verdursten zu Tode gebracht werden wolle. Nun ist es mehr die Regel als die Ausnahme, dass Menschen in schwerer Krankheit anders über mögliche Behandlungs- und Lebensoptionen nachdenken als in gesunden Tagen[114]. Warum sollte das bei Menschen im Wachkoma anders sein? Allerdings, seinen Willen in der Krankheit mag der Mensch im Wachkoma ändern. Aber kann er es auch zeigen? Oder besser, sind wir bereit und in der Lage seine Botschaft zu erfassen?

Andererseits wissen wir aus Berichten von Menschen, die aus dem Wachkoma zurückgekehrt sind, dass die Alternative „leben oder sterben" in diesem Daseinszustand offenbar überhaupt keine angemessene Kategorie ist. Was den wachkomatösen Menschen stattdessen interessiert, ist die Frage, die uns Gesunde ja auch immer wieder beschäftigt: Wie kann ich mich wohl fühlen? Dies ist auch die Frage, an der sich die Versorgung komatöser Menschen orientieren sollte: Wie können wir eine Situation herstellen, in der der kranke bzw. behinderte Mensch sich geborgen, aufgehoben und geachtet fühlt und seine Bedürfnisse befriedigt werden? Dass dies

---

[113] Kief, M. (2007)
[114] Sahm, S. (2006)

herauszufinden gar nicht so schwer ist, illustriert die Geschichte von Maria Schulz.

Dabei ist es wichtig, dass wir den kranken Menschen nicht zum Objekt unserer Fürsorge machen, sondern ihn auch *Subjekt* in unserer Gemeinschaft sein lassen. Nicht nur wir haben dem wachkomatösen Menschen etwas zu bieten, sondern wir müssen offen sein für die Möglichkeit, dass der wachkomatöse Mensch auch uns etwas zu bieten hat. Erst dann ist seine Würde wirklich gesichert – so wie es bei Irene Schneider war.

Bei einem schweren Verkehrsunfall erlitt Irene Schneider, Mutter von zwei Kindern, ein schweres Schädel-Hirn-Trauma. Aus dem daraus entstandenen Wachkoma ist sie bis heute – fünf Jahre später – nicht erwacht. Sie wird von ihrem Mann und den Kindern zu Hause mit großer Fürsorglichkeit gepflegt – wie rund 80 Prozent aller Menschen im Wachkoma. Als ihr Mann gefragt wird, ob diese Pflege, die er sich und den beiden Söhnen Mark (12 Jahre) und Meik (14 Jahre) „zumute", nicht eine völlige Überforderung für die Familie darstelle, sah er den Fragenden nur kopfschüttelnd an: „Aber sie ist doch der Mittelpunkt unserer Familie. Ohne sie wären wir nicht so, wie wir jetzt sind. Und das ist gut so."

Zu Recht hat das Zentralkomitee deutscher Katholiken (ZdK) in einer entsprechenden Stellungnahme zur Patientenverfügung[115] darauf hingewiesen, dass Menschen im Wachkoma behinderte Menschen seien, über deren Leben nicht willkürlich verfügt werden dürfe. Anders sieht es die Evangelische

---

[115] Zentralkomitee deutscher Katholiken (2006)

Kirche in Deutschland (EKD). In ihrem Eckpunktepapier zur Patientenverfügung[116] stellt sie fest, dass ein Mensch in gesunden Tagen festlegen kann, dass er im Fall des Wachkomas bereits nach einer Frist von nur sechs Monaten durch Beendigung der Nahrungszufuhr zu Tode gebracht werden dürfe. Das wirft die Frage auf, ob die EKD hier fachlich ausreichend beraten war. Denn die dort formulierte Argumentation erscheint hoch riskant. Und es wird kontrovers diskutiert, ob die EKD wirklich intensiv genug bedacht hat, was ihre dort formulierte Position für die Behindertenarbeit bedeutet, die ja kein unbedeutender Anteil diakonischer Tätigkeitsfelder darstellt. Denn wenn es wirklich dazu kommen sollte, dass das Leben von behinderten Menschen, wenn sich bei ihnen keine Besserung zeigt, zur Disposition gestellt werden darf, dann droht allen Menschen mit lang hingezogener Krankheit ohne Besserungstendenz höchste Gefahr.

Veränderung der Angst

Was wir bei all jenen vermuten müssen, die sich dafür aussprechen, den Tod von Menschen im Wachkoma unter bestimmten Bedingungen herbeizuführen, ist – Angst. Eine verstehbare Angst. Eine Angst, die aus der Außenperspektive entsteht: Sie blicken auf den kranken Menschen im Wachkoma und finden einen reglosen, wie „abgeschaltet" wirkenden Körper, der bereits aus der Gemeinschaft der Lebenden ausgeschlossen zu sein scheint. Das muss Angst machen. Wer möchte sich auch selbst einen solchen Zustand zumuten? Aber Angst macht bekanntlich blind, sagt der Volksmund und meint damit eigentlich: Angst macht dumm.

Mit solcher Dummheit sollten wir aber heute Menschen nicht mehr belästigen. Denn in den letzten 100 Jahren haben

---

[116] Evangelischen Kirche in Deutschland (2007), S. 4

wir doch in der Behindertenarbeit eine Menge dazugelernt: nämlich den „Blick von innen". Wir haben gelernt, die Perspektive des kranken bzw. behinderten Menschen zu erkennen, so weit uns dies möglich ist. Wir haben gelernt, dass der behinderte Mensch anders (oftmals mehr) wahrnimmt, als wir vermuten. Wir haben gelernt, dass sein Lebenswille und seine Lust am Leben nicht von der Art der Behinderung abhängen, sondern von den Rahmenbedingungen, die wir ihm anbieten. Wenn wir die Bedürfnisse des Kranken einfühlsam wahrnehmen, sichern wir ihm seine Würde und seine Lebenszufriedenheit. Wir nehmen dann nicht mehr unsere Außenwahrnehmung als Maßstab, sondern versuchen zu verstehen, was sich bei diesem Menschen im Inneren abspielt, wie er selbst seine Situation einschätzt. Und plötzlich ergibt sich ein ganz anders Bild! Wir entdecken einen Menschen, der ganz anders lebt, ganz anders empfindet, als wir leben und empfinden und dem dieses Leben trotzdem oder gerade deswegen wichtig und wertvoll ist.

Umgekehrt kann es zu einem fatalen Teufelskreis kommen, wenn die Bedürfnisse der Kranken nicht genügend geachtet werden. Dann finden wir Menschen in vernachlässigter, vereinsamter, unlebendig-unwürdiger Situation. Dieses Bild ist es dann wiederum, das unsere Ängste stimuliert und zu radikalen „Lösungen" veranlasst, die letztlich das Leben der Betroffenen bedrohen.

Was braucht es, um unsere Angst zu bewältigen und uns damit vor Blindheit und Dummheit zu schützen? Natürlich hilft uns hierbei Wissen, helfen uns unsere Kenntnisse. Aber Gefühle lassen sich eben nicht durch den Kopf „abschalten". Ängste sind oftmals nicht „vernünftig". Da hilft also Wissen nur begrenzt. Wissen kann uns aber ermutigen, unsere Gefühlswelt genauer und kritischer anzusehen.

Im Umgang mit Menschen in extremen Lebenssituationen wie Wachkoma, aber auch Demenz oder dem Locked-in-Syndrom, müssen wir also vor allem eines lernen: Unsere eigene Angst zu bewältigen. Dazu müssen wir diese Ängste und Befürchtungen bei uns selbst sorgsam kennen lernen, uns ihnen wieder und wieder stellen. Dazu brauchen wir womöglich fachkundige Unterstützung, so wie sie denen, die professionell mit Menschen in Lebenskrisen umzugehen haben, ohnedies angeboten wird oder wenigstens angeboten werden sollte. Wenn wir uns auf einen solchen Prozess einlassen, werden wir uns selbst verändern. Dabei werden wir allerdings diese Angst nicht völlig verlieren; aber wir werden sie kennen lernen und sie wird uns nicht mehr sozusagen „hinterrücks anspringen" und unbeabsichtigt unser Verhalten dominieren. Die Ängste werden dann nicht mehr unser Verhalten steuern. Bewältigung dieser Angst heißt also, frei zu werden zu hilfreicher Handlung.

Damit sind wir beim Kernstück aller palliativen Konzepte angekommen: Fürsorglich mit anderen Menschen umzugehen, verlangt in erster Linie Fürsorglichkeit für uns, die Helfenden selbst. Solche Fürsorglichkeit heißt nicht, sich vor den Unbilden des Lebens zu schützen. Sie heißt auch nicht, sich abzuhärten. Sondern sie heißt, sich offen und weich zu machen für die Nöte anderer und die daraus erwachsenden Ängste zu spüren und sich ihnen zu stellen. Es heißt aber zugleich auch, sich auf diese Aufgabe in einer Weise vorzubereiten, die die inneren Kräfte mobilisiert, unsere Tragfähigkeit stärkt. Ein hilfreicher Umgang mit Menschen in extremen Lebenssituationen mutet uns also etwas zu. Es kommt darauf an, dass wir uns dieser Zumutung stellen. In dem Sinne, in dem es die Sterbeforscherin Elisabeth Kübler-Ross es formuliert hat: *„Würden wir die Canyons vor den Wind-*

stürmen bewahren, könnten wir niemals ihre Schönheit entdecken."

Blicken wir also noch einmal auf die Frage, was es bedeutet, das Konzept der Palliative Care für den Umgang mit Menschen in Lebenskrisen – nicht nur am Ende des Lebens – anzuwenden. Es sind drei Aufgaben, denen wir uns hierbei stellen müssen:

1. Wissen zu haben oder es zu erwerben.
2. Die Perspektive des Kranken einzunehmen statt aus mitleidiger Außenperspektive zu schauen. Und schließlich:
3. Die Angst zu bewältigen, indem wir die Angst anerkennen; uns erlauben, mit ihr vertraut werden und ihr schließlich einen Platz zuweisen, von dem aus sie uns nicht mehr zu beherrschen vermag.

Das ist die Aufgabe professionellen Handelns. Und es ist eine wichtige Aufgabe für jeden Menschen, der Wert auf respektvolle Begegnung mit anderen Menschen legt – solchen mit wenigen ebenso wie solchen mit zahlreichen Beeinträchtigungen. Es ist zugleich eine Aufgabe, die uns hilft, unser eigenes Leben mit größerem Vertrauen zu genießen und dazu beiträgt, dass wir auch das Leben in Beeinträchtigung Wert schätzen und dazu beitragen, es lebenswert zu gestalten. Dies ist besonders wichtig in einer alternden Gesellschaft wie der unseren. Das Leben in einer solchen Gesellschaft verlangt von uns, uns auf die Begegnung mit Menschen mit vielfältigen Beeinträchtigungen einzustellen.

Damit wird der Weg gebahnt für eine palliative Kultur, nicht nur in den bestehenden Institutionen wie Hospizen, Pflegeheimen und Krankenhäusern, sondern auch in unserem Alltag. Denn diese Haltung ist es doch, die uns nicht nur im Umgang mit kranken und alten Menschen hilft, sondern uns auch eine respektvolle Gestaltung der Beziehung zu anderen als fremd erlebten Personen in unserer Umgebung ermöglicht. Sie ermöglicht uns, andere anzuerkennen und wertzuschätzen – mögen sie eine andere Hautfarbe, andere Sprache, andere Kultur, andere Fähigkeiten und Unfähigkeiten haben als wir selbst.

9. Auswege aus der Sterbehilfe?

Die Dilemmata bleiben
Auch eine palliative Kultur ändert nichts daran, dass wir uns immer wieder mit äußerst schwierigen, belastenden und dilemmatösen Entscheidungssituationen konfrontiert sehen.[117]

Leben erhalten – Willen befolgen?
Es geht um konkurrierende Werte, die in einem Spannungsverhältnis stehen. Wir wissen von der Kontextabhängigkeit von Willensäußerungen und sind gleichwohl an sie gebunden. Es kann zynisch sein, einen Menschen an seinem einmal niedergelegten Willen zu binden: „Du hast es so gewollt!" Aber es ist paternalistisch und hat mit einem modernen Menschenbild nichts zu tun, dem Schutz des Lebens immer die Priorität zu geben.

Das versunkene Selbst – das aktuelle Selbst
Der an Demenz Erkrankte wirkt gegenwärtig zufrieden. In gesunden Tagen wurde verbindlich festgelegt, wenn er an Demenz erkrankt, dass er dann nicht mehr leben will. Was gilt: Die Äußerung in gesunden Tagen eines rational handelnden Selbst oder das offene Gesicht, das Freude an der Musik und am Essen zeigt – das Selbst, das sich nicht mehr als Selbst begreift? Und Ja sagt zum Leben? Eine aporische Konstellation.

---

[117] Klie, Th. (2007)

Recht und Moral
Wir haben ein Recht, dass die Selbstbestimmung schützt,
auch in der Entscheidung am Lebensende und formen es
weiter aus. Und legen damit in bestimmter Weise nahe, eine
vorsorgende Entscheidung zu treffen, „die sich so gehört",
kann daraus ein Soll werden?

Leitbild der Selbstständigkeit und angenommene Abhän-
gigkeit
Wie bringen wir die Sicherung der Selbstbestimmung und
die Akzeptanz von Abhängigkeit in Beziehung zueinander?

Wir haben uns diesen Dilemmata zu stellen, darin liegt die
Herausforderung für uns als Angehörige, als Betroffene, als
Professionelle – Ärzte, Pflegekräfte, Sozialarbeiter, Juristen
und Theologen. Wir können sie nicht übergehen und wir
dürfen sie nicht relativieren.

Die Sterbehilfediskussion und „laterale Hemmungen"
Es ist unbestritten wichtig, dass wir uns auch juristisch über
Entscheidungen am Lebensende Gedanken machen und ka-
tegoriale Klärung vor allem im Bewusstsein und im Wissen
der Professionellen verankern. Was ist indirekte Sterbehilfe,
was sind zulässige und gebotene Behandlungsverzichte und
-abbrüche? Wo ist die Grenze zur verbotenen aktiven Sterbehilfe? Erschreckend die Zahlen, die belegen, dass viele Professionelle in Medizin und Pflege die entsprechende Unter-
scheidung nicht kennen. Umso bedeutsamer sind die Bemühungen der Bundesärztekammer, für entsprechende Informationen und Qualifikationen Sorge zu tragen. Auch ist in
der Bevölkerung insgesamt das Wissen um das Zulässige, das
Erlaubte und Gebotene in die Breite zu tragen. Wir leben in
einem Rechtsstaat, der sich in der Würdigung des einzelnen

Menschen und des Schutzes seiner Rechte und auch seiner Selbstbestimmung besonders am Lebensende zu bewähren hat. Er bewährt sich aber in spezieller Weise denen gegenüber, die zu den Schwachen der Gesellschaft gehören, die sich nicht artikulieren können und, wie wir wissen, am ehesten bedroht sind, wenn es um den Schutz von Integrität und Selbstbestimmung geht. Auch dass wir uns nicht bedenkenlos auf Professionelle und Institutionen verlassen können und dürfen, dass sie mit Recht einen entscheidungsfähigen Patienten verlangen, so er zu Entscheidungen fähig ist, ist unbestritten. So etwa setzt die Diskussion um Patientenverfügungen und Vorsorgevollmachten in der Bevölkerung eine breite Auseinandersetzung in Gang über Fragen, die mit dem Sterben und dem Tod verbunden sind. Ihre didaktische Bedeutung ist nicht zu unterschätzen. Nur, gerade am Lebensende und bei den mit dem Lebensende verbundenen Fragen hat das Recht eine dienende Funktion. Wir müssen uns also der Grenzen des Rechts und des Regelbaren bewusst werden. Die Fokussierung von Rechtsfragen in der Sterbebegleitung- und Sterbehilfediskussion verstellt uns den Blick auf das Wesentliche, auf die kulturellen und gesellschaftlichen Herausforderungen, die mit dem Thema Sterben in unserer Zeit verbunden sind. Sie liegen eben nicht in erster Linie in den rechtlichen Rahmenbedingungen, die zu schaffen und zu nutzen wären. Sie liegen in der Fähigkeit zur Entwicklung einer palliativen Kultur in unserer Gesellschaft. Würde ereignet sich in Interaktion, in Beziehung. Es ist problematisch, wenn wir die Fragen der Menschenwürde gerade in Zusammenhang mit der Sterbehilfediskussion vor allem dann und dort stellen, wo es um den Willen des Patienten geht. Selbstverständlich gehört zur Würde auch und gerade die Akzeptanz und der Respekt vor der Eigenständigkeit und Autonomie eines Menschen. Anthropologisch, psychologisch, theologisch ist die zentrale Frage der Würdesicherung die Frage nach der Solidaritätsfähigkeit unserer Gesellschaft im Kleinen und im Großen. Auch von dieser Frage lenkt der Sog der Sterbehilfediskussion die Aufmerksamkeit ab oder es droht zumindest.

Kulturelle Herausforderungen[118]

Die solidarische und fachlich fundierte Begleitung von Sterbenden gehört zu den großen Herausforderungen unserer Zeit: Es soll sich keiner aus Furcht vor Einsamkeit, Isolation und unwürdiger Behandlung den schnellen Tod herbeisehnen müssen. Aber genau das tun viele. Wir selbst verteidigen die Selbstbestimmung am Lebensende, doch wir erinnern an ihre Voraussetzungen: Kompetenz der Entscheidung, Wahlmöglichkeiten, fachlich fundierte Begleitung und ethisch qualifizierte Entscheidungswege. Den Tod als das kleinere Übel, das geringere Leid wählen zu können als Antwort auf unzureichende Lebensbedingungen, hat mit Unterstützung der Lebensbedingungen nichts zu tun. Die Vereinseitigung des ethischen Leitprinzips der Moderne, der Sicherung der Selbstbestimmung, steht in Gefahr, die fürsorgliche Begleitung Sterbender und den Schutz der Würde der Schwächsten, zur Selbstbestimmung nicht Befähigten, zu vernachlässigen. Die Sicherung der Würde des Menschen erweist sich an den Schwächsten, nicht primär an den Starken, den stets zur autonomen Entscheidung Fähigen.

Palliative Care und Verbundenheit

Palliative Care in einem umfassenden Verständnis sorgt sich um die Würde des sterbenden Menschen. Seine Selbstbestimmung ist Ausdruck seiner Würde, ebenso die Herstellung

---

[118] vgl. Student, C. / Klie, Th. (2007)

von Verbundenheit und Teilhabe und lädt in neuer Weise zum Mitsein mit Menschen am Lebensende ein. So gesehen fordert der Palliative Care Ansatz die Gesellschaft insgesamt heraus, den Sterbenden, ihren Angehörigen, aber auch den Professionellen, menschenfreundliche Bedingungen zu bieten. Dies gelingt nur in gemeinsamer Anstrengung, in geteilter Verantwortung und in einer zivilgesellschaftlichen Grundhaltung.

Entscheidungen am Lebensende

Entscheidungen am Lebensende sind schwieriger geworden. Pluralisierte Wertvorstellungen in der Gesellschaft, aber auch der Fortschritt der Medizin eröffnen Menschen unbekannte Entscheidungsoptionen am Lebensende: Therapie – ja oder nein; Beendigung eingeleiteter Behandlungen – ja oder nein? Diese neue Optionalität von Entscheidungen am Lebensende ist unumkehrbar und fordert die einzelne Person, ihr Umfeld, aber auch die Professionellen und Institutionen in neuer Weise heraus. Wir überfordern den Einzelnen und überschätzen das Regelbare, wenn wir Lösungen für die komplexen Entscheidungssituationen vor allem in der Verrechtlichung sehen, sei es in Patientenverfügungen oder anderen rechtlichen Instrumenten. Sie haben ihre Bedeutung, sie darf aber nicht überschätzt werden. Weder in der professionellen Praxis von Medizin und Pflege, noch im Alltag der Institutionen haben sich bisher Routinen und Haltungen etabliert, die den ethischen Herausforderungen der neuen Optionalität am Lebensende gerecht werden. Die Interessen der Beteiligten (Institutionen, Ärzte, Angehörige), Wertesysteme des Menschen, um den es geht und die Situation, in der er sich befindet: Diese sind in Beziehung zu setzen zu ethischen Prinzipien wie Gerechtigkeit, Autonomie, Würde, Soldidarität. Daran müssen sich Entscheidungen orientieren.

Glossar

Aktive Euthanasie (Aktive Sterbehilfe): absichtsvolle Herbeiführung des Todes einer anderen Person auf deren Wunsch hin. Sie bezeichnet die Durchführung von lebensverkürzenden Maßnahmen auf Grund des tatsächlich geäußerten oder mutmaßlichen Wunsches einer Person. Aktive Sterbehilfe kann z. B. durch die Verabreichung einer Überdosis eines Schmerz- und Beruhigungsmittels, Narkosemittels o. Ä. erfolgen. Eine Tötung ohne Vorliegen einer Willensäußerung des Betroffenen wird allgemein nicht als aktive Sterbehilfe, sondern als Totschlag oder Mord definiert.

Altersdemenz: eine Form des allgemeinen Verlusts der geistigen Leistungsfähigkeit bei älteren Menschen, die oft mit starkem körperlichen Verfall verbunden ist. Eine Ursache besteht in der Abnahme der Gehirnmasse im Alter und in der Rückbildung von Nervenzellen. Dies geht meist mit einer Verminderung von Intelligenz- und Gedächtnisleistungen, Sprachvermögen sowie mit Persönlichkeitsveränderungen einher, auch Kritikfähigkeit und Urteilsvermögen können nachlassen. Das Leitsymptom ist dabei die Gedächtnisstörung.

Im fortgeschrittenen Stadium sind auch das Erkennen von Personen und das Orientierungsvermögen in Raum und Zeit beeinträchtigt. Mit dem zunehmenden Anteil älterer Menschen an der Gesamtbevölkerung nimmt die Bedeutung der Altersdemenz zu. Darunter sind viele Betroffene, die jedoch unter der Alzheimer-Krankheit leiden – deren Symptome sich ähneln.

Alzheimer-Krankheit: nach ihrem Erforscher, dem deutschen Neuropathologen Alois Alzheimer benannte, fortschreitend-degenerative Erkrankung des Gehirns, die heute als eine der wichtigsten Ursachen des geistigen Verfalls bei älteren Menschen gilt. Erkrankungsanzeichen sind Gedächtnis-, Orientierungs-, sowie Störungen des Denk- und Urteilsvermögens. Die Alzheimer Erkrankung wurde erstmalig 1906 beschrieben. Der prozentuale Anteil von Menschen mit einer Alzheimer Erkrankung (Fälle je 100 Personen über 65 Jahre) schwankt weltweit stark: Die Werte liegen zwischen 1,0 in China und 12,0 in Ländern der westlichen Welt. Die Erkrankungshäufigkeit nimmt mit dem Alter zu. Die durchschnittliche Lebenserwartung nach dem Ausbruch der Krankheit liegt zwischen fünf und zehn Jahren. Viele Patienten leben jedoch dank pflegerischen und medizinischen Fortschritts 15 Jahre und mehr. Die Krankheitsursache ist noch nicht genau erforscht, so dass derzeit nur eine lindernde und unterstützende Therapie möglich ist. Die Möglichkeiten zur Diagnose der Alzheimer-Krankheit haben sich in den letzten Jahren allerdings deutlich verbessert. Untersucht man das Gehirn von Patienten, die an der Alzheimer-Krankheit gestorben sind, so findet man in manchen Gehirnbereichen charakteristische verworrene Faserbündel, die neurofibrillären Knäuel, und anomale Proteinansammlungen, die man neuritische Plaques nennt und die zwischen die Nervenzellen eingestreut sind.

Apallisches Syndrom/Wachkoma: Neurologisches Krankheitsbild, das durch schwerste Schädigung des Gehirns hervorgerufen wird. Dabei kommt es zu einer Störung der Verbindung zwischen Hirnstamm und Großhirn (Hirnmantel, Pallium). Funktionen von Zwischenhirn, Hirnstamm und Rückenmark bleiben erhalten. Was und wie viel der kranke

Mensch wahrnehmen kann, ist von Fall zu Fall unterschiedlich. Der Grad der Bewusstlosigkeit scheint unterschiedlich zu sein. Er kann aber in jedem Fall nicht oder nur geringfügig aktiv reagieren. Die wesentlichen vegetativen Funktionen wie Atmung, Stoffwechsel, Kreislauf bleiben erhalten.

Die häufigsten Ursachen sind Schädel-Hirn-Traumata nach Unfällen oder Sauerstoffmangel, Schlaganfall, Meningitis/Enzephalitis, Hirntumore oder neurodegenerative Erkrankungen. Das Wachkoma ist ein so genanntes Durchgangs-Syndrom. Das bedeutet, dass der Kranke nach einem traumatischen Ereignis in der Regel zunächst in völlige Bewusstlosigkeit versinkt und dann nach Wochen die Augen in regelmäßigem Schlaf-Wach-Rhythmus öffnet und schließt (daher der Name Wachkoma). Daran kann sich im Laufe der Zeit eine weitere Erholung anschließen – in Einzelfällen bis hin zu einer völligen Erholung.

Aporie: philosophische Bezeichnung für die Unmöglichkeit zur Beantwortung einer Fragestellung aufgrund mehrerer vorhandener plausibler Lösungsvorschläge oder der Einsicht in das eigene Nichtwissen. Bei den griechischen Philosophen Platon, Aristoteles und den Scholastikern war die Aporie Ausgangspunkt weiterer philosophischer Fragen und Wegweiser auf der Suche nach der Wahrheit. Das Bestreben der Vertreter des Skeptizismus war, durch die Darlegung von Argumenten und Gegenargumenten zu einer bestimmten Thematik zur Aporie zu gelangen.

Behandlungsabbruch/Behandlungsverzicht: (auch passive Sterbehilfe): Einstellung oder Nichteinleitung einer medizinisch lebensverlängernden Behandlung, wie z. B. künstliche Ernährung, Flüssigkeitszufuhr, Medikamentengabe, Beatmung, Dialyse oder Reanimation aufgrund einer aussichtslosen Prognose oder des irreversiblen Verlaufs einer Krankheit. Die Basispflege und Symptombehandlung wird weiterhin aufrechterhalten, aber zusätzlich auftretende Erkrankungen werden nicht mehr kurativ behandelt. Durch den individuell erwogenen und selbstbestimmten Verzicht auf künstliche und lebensverlängernde Maßnahmen wird der Sterbevorgang nicht hinausgezögert. Der einwilligungsfähige Patient kann jederzeit auf eine bereits begonnene Behandlung verzichten oder deren Abbruch verlangen, auch wenn dadurch sein eigener Tod herbeigeführt wird. Der Patient muss jedoch aus freiem Willen seine Entscheidung treffen.

Der willensunfähige Patient kann eine solche Entscheidung bereits in gesunden Tagen treffen (z. B. in Form einer Patientenverfügung). Er sollte jedoch im Voraus die konkrete Situation gut durchdenken, die Behandlungsmöglichkeiten erwägen, seine Entscheidung schriftlich darlegen und Vorsorge dafür treffen, dass dieser erklärte Wille dem behandelnden Arzt rechtzeitig zur Verfügung steht. Das behandelnde Team darf sodann auf lebenserhaltende Behandlungen verzichten bzw. diese beenden, sofern das dem mutmaßlichen Willen des Patienten entspricht. Es kann dann auch von passiver Sterbehilfe gesprochen werden.

Code of practice: Standardentwicklung und –festlegung, zu deren Einhaltung und periodischer Überprüfung sich Mitglieder einer Berufssparte, -gruppe bereit erklären. Der Code of Practice stellt dabei tendenziell eine informelle Standardnorm ähnlich der DIN ISO 9000 Normen dar, nach denen sich das Handeln der Beteiligten ausrichtet. Damit werden Ziele und Zielerreichungen untereinander vereinbar, z. B. innerhalb des Benchmarking. Standards werden so dokumentierbar und erhöhen die Transparenz für den Nachfrager/Kunden.

Expertenstandards: Richtlinien in der Qualitätsentwicklung, die die Umsetzung von Pflegestandards in den einzelnen Einrichtungen des Gesundheitswesens ermöglichen können und sollen. In Deutschland ist für die Entwicklung von Expertenstandards vor allem das „Deutsche Netzwerk zur Qualitätsentwicklung in der Pflege" (DNQP) zu nennen, bspw. für das Entlassungsmanagement, Schmerzmanagement, Sturzprophylaxe. Ziel des DNQP ist es, einen wissenschaftlichen Verständniskonsens über verschiedene Methoden- und Verfahrensabläufe zu entwickeln. Die Entwicklung dieser Standards erfolgt durch eine Forschergruppe, deren wissenschaftliche Desiderate in der Fachöffentlichkeit diskutiert und in der Praxis auf ihre Eignung überprüft werden.

Finale Sedierung: siehe **Terminale Sedierung**

Healing Touch: komplementäre Behandlungsform, die vor allem von Pflegekräften im angloamerikanischen Raum häufig praktiziert und an den dortigen Pflege-Hochschulen auch gelehrt wird. Das Ziel einer Healing Touch Behandlung ist die Harmonisierung des menschlichen Energiefelds durch sanfte Berührung des Körpers. Bei der Entwicklung von Healing Touch sind viele Ideen und Konzepte aus der traditionellen fernöstlichen Medizin eingeflossen.

Indirekte Sterbehilfe: Einsatz von Medikamenten zur Linderung von Beschwerden, die als Nebenwirkung die Lebensdauer verkürzen können. In Deutschland wird dies höchst kontrovers diskutiert. Die wichtigste Form der indirekten Sterbehilfe stellt die *terminale Sedierung* dar (siehe dort).

Ein notwendig erachtetes Schmerzmittel vorzuenthalten mit der Begründung, keinen vorzeitigen Tod herbeiführen zu wollen, kann den beteiligten Ärzten als Körperverletzung oder unterlassene Hilfeleistung ausgelegt werden.

Integrierte Versorgung (IV): sektorübergreifende Behandlung von Erkrankungen und die Verzahnung von ambulanten, teilstationären, stationären und rehabilitativen Maßnahmen. Je nach Erkrankungsbild kommt es zur Abstimmung der einzelnen Angebote der unterschiedlichen Sektoren und der vertraglichen Abstimmung, um eine optimierte fachübergreifende, interdisziplinäre Behandlung der jeweiligen Erkrankung zu ermöglichen. Die IV ist ein Ansatz, die bisher im deutschen Gesundheitswesen vorherrschende Trennung von Zuständigkeiten und Kompetenzbereichen zu überwinden. Die Vernetzung der unterschiedlichen gesundheitlichen Versorgungsstrukturen soll die Effizienz, Transparenz und Wirtschaftlichkeit des bestehenden medizinischen Versorgungssystems erhöhen.

Informed consent: gilt als Einverständnis nach adäquater Aufklärung. Ohne qualifizierte Zustimmung und vorherige Aufklärung des Patienten über dessen medizinische Untersuchung oder Behandlung darf dieser nicht zu medizinischen Eingriffen herangezogen werden. Die Zustimmung zu dem medizinischen Vorhaben setzt dessen Einwilligungsfähigkeit (nicht die Geschäftsfähigkeit) und eine rechtlich wirksame Einwilligung nach erfolgter Aufklärung sowie vollständiger Information des Patienten in den vorgesehenen medizinischen Eingriff voraus. Die heutigen medizinethischen Standards erschweren einen Verstoß gegen Menschenrechte und Menschenwürde.

Locked-in-Syndrom: Zustand, in dem der Erkrankte trotz Bewusstseins fast vollständig unfähig ist, verbal und nonverbal zu kommunizieren. Der Hörsinn ist dabei noch intakt, so sind die Erkrankten völlig aufnahmefähig, können sich aber nicht oder nur minimal mit Hilfe der meist noch erhaltenen vertikalen Augenbeweglichkeit oder unter Verwendung eines Brain-Computers mitteilen.

Mediation: Ein auf Freiwilligkeit beruhendes Verfahren zur Konfliktlösung, -beilegung oder –vermeidung. Die Konfliktparteien (Medianden) versuchen unter Begleitung und Unterstützung einer dritten neutralen, allparteilichen Person (Mediator), zu einer für alle akzeptablen und einvernehmlichen Problemlösung zu kommen. Ziel der Mediation liegt in der selbstständigen und eigenverantwortlichen Konsenssuche und einer von allen Beteiligten getragenen Endlösung mit Nachhaltigkeitseffekt.

Organspende: Bereitstellung eigener physiologisch funktionsfähiger Organe zur Transplantation. Es wird zwischen der Lebendspende, bei der ein noch lebender Mensch einem anderen notwendige Organe oder Zellen zur Verfügung stellt, und der Todspende unterschieden. Bei letzterer wird die Zustimmung zur Spende zu Lebzeiten und der sichere Todesnachweis vorausgesetzt. In Deutschland gilt die erweiterte Zustimmungslösung, bei der die schriftliche Zustimmung zu Lebzeiten (Organspendeausweis) durch den bekannten oder die Konstruktion des mutmaßlichen Willens des Verstorbenen durch die nächsten Angehörigen vollzogen wird (Transplantationsgesetz vom 05.11.1997).

Ein ethischer Kritikpunkt entsteht bei der Todspende, da nur Organe, die noch bis zur Entnahme durchblutet werden, entnommen werden können, die Entnahme eines lebenswichtigen Organs eines noch Lebenden jedoch untersagt ist. Dabei wird das Hirntodkriterium (vollständiger, irreversibler

Ausfall der gesamten Gehirntätigkeit) für die Erfüllung des Todesnachweises gesehen. Diese Diagnose muss von mindestens zwei Ärzten getroffen werden, die selbst nicht an der Transplantation beteiligt sind. Durch die Aufrechterhaltung des Kreislaufes mit Unterstützung von Maschinen wird der sich zur Organentnahme einverstanden erklärte Spender bis zur Transplantation am Leben erhalten.

Palliative Care: ist als symptom- und insbesondere schmerzbekämpfende, in pflegerische Obhut nehmende, mitmenschliche Gegenwart, Zuwendung und die Verbesserung der Lebensqualität sterbenskranker Menschen zu verstehen. Es ist eine von der Hospizbewegung entwickelte Methode. Care ist dabei mehr als nur die pflegerische Handlung, sondern eine vielfältige Versorgung von schwerkranken Menschen in der letzten Phase ihres Lebens. Zielgruppe von Palliative Care sind in erster Linie Patienten mit einer nicht (mehr) heilbaren, progredienten und weit fortgeschrittenen Erkrankung im Endstadium. Mittlerweile wird das Konzept der Palliative Care aber auch (mit unterschiedlicher Intensität) bei Menschen mit schwerwiegenden Erkrankungen angewandt, unabhängig von der Frage, wie weit die Erkrankung fortgeschritten ist.

Die Qualitätsdimensionen von Palliative Care umfassen medizinische Schmerz- und Symptomkontrolle und die psychische und soziale Zuwendung zu Sterbenden. Der Sterbende ist Individuum, Mittelpunkt und Gestalter des Prozesses bis zum Ende seines Lebens. Aber auch sein soziales Umfeld ist Adressat des „Betreuungsauftrags". Das Palliative Care Team setzt sich aus Vertretern unterschiedlicher Disziplinen und Berufsgruppen zusammen.

Patientenverfügung: Willensäußerung des Patienten, wie in zukünftigen Situationen, Entscheidungen in dessen Sinne geregelt werden sollen. Die schriftliche Form der Patientenverfügung ist aufgrund der besseren Nachvollziehbarkeit vorzuziehen. Die Regelungen innerhalb der Patientenverfügung treten bei nicht (mehr) vorhandener Einwilligungsfähigkeit in Kraft, wenn eine lebensbedrohende irreversible Erkrankung oder Situation vorherrscht, die in absehbarer Zeit tödlich endet. Der Patient weist innerhalb der Verfügung die behandelnden Ärzte an, bei bestimmten Krankheitsverläufen oder unfallbedingten Zuständen medizinische Behandlungen vorzunehmen oder zu unterlassen.

PEG-Sonde: Perkutane endoskopische Gastrostomie (PEG) dient der enteralen Ernährung (d. h. Ernährung über den Magen-Darm-Trakt) durch operative Einführung einer Nahrungssonde durch die Bauchwand. Die über die Sonde eingeführte Nahrung in flüssiger und breiiger Konsistenz gelangt dadurch direkt in den Magen- und Darmtrakt. Notwendig wird dies auf Grund verschiedener Erkrankungen (z. B. Speiseröhrentumor, Schluckstörung oder Koma), die eine ausreichende Nahrungsaufnahme durch selbständigen Schluckakt des Kranken erschweren oder unmöglich machen. Die PEG ermöglicht die Ernährung über einen längeren Zeitraum.

Schmerzmanagement: hat zum Ziel, die Schmerzwahrnehmung der Pflegefachkräfte zu verbessern und so die Zeit zwischen dem Auftreten von Schmerzen und deren Linderung für den Patienten deutlich zu verkürzen, sowie Maßnahmen zur Schmerzreduzierung umgehend einzuleiten. Dem Entstehen von Schmerzen soll vorgebeugt werden, bzw. die Schmerzen sollen auf ein erträgliches Maß reduziert oder beseitigt werden. Eine unzureichende Schmerzbehandlung kann den Patienten psychisch wie physisch weiter einschränken und zu einer Chronifizierung führen, die sich auf den Krankheitsverlauf negativ auswirkt. Die Bemühungen des Pflege- und Betreuungspersonals richten sich auf die medikamentöse sowie ganzheitliche Begleitung des Schmerzpatienten. Die deutsche Richtlinie zum Expertenstandard „Schmerzmanagement in der Pflege" bei akuten oder tumorbedingten chronischen Schmerzen wurde vom Deutschen „Netzwerk für Qualitätsentwicklung in der Pflege" (DNQP) entwickelt.

Suizid: Suizid ist das Beenden des Lebens aus eigenem Willen durch eine beabsichtigte Handlung oder Unterlassung. Selbsttötung und der Versuch sind in Deutschland straffrei. Die Teilnahme eines Dritten in Form der Beihilfe und Anstiftung bleibt dann straffrei, wenn der Suizident nachweislich eigenverantwortlich gehandelt hat und die zum Tode führende Ursache selbst durchgeführt hat. Kann einem beteiligten Dritten eine mittelbare Täterschaft nachgewiesen werden, begründet in der Täuschung und Verleitung des Suizidenten, so ist dies strafbar.

Supervision: berufsbegleitende Beratung, Bildung und Begleitung der Eigenreflexion Einzelner oder Teams (Supervisanden) in verschiedenen Zusammenhängen (Arbeitsorganisationen, Personalentwicklung vorrangig in sozialen Berufen, in denen Beziehungsarbeit geleistet wird) durch den Supervisor. Ziel ist es, durch ressourcenorientierte Beratung des Supervisors die Effizienz- und Qualitätssteigerung der gemeinsamen oder einzelnen Handlungen, die Lösungssuche problematischer Situationen oder die Entscheidungsfindung zu verbessern. Dabei werden anhand verschiedener Methoden die sozialen, personalen, kommunikativen Beziehungsdynamiken dargestellt z. B. zwischen Supervisand und Klient,

Team oder Organisation, um das unterschiedliche Rollenverhalten der Beteiligten zu interpretieren und zu externalisieren. Eine Veränderung des eigenen Verhaltens durch die Erkenntnis der eigenen Wirklichkeit und neuer beruflicher Sichtweisen und Handlungsmöglichkeiten wird bestenfalls angeregt.

Terminale Sedierung: Bezeichnung für die Gabe von Beruhigungsmitteln bis hin zur Erzeugung völliger Bewusstlosigkeit mit dem Ziel der Symptomkontrolle, die ohne dies zu beabsichtigen, zu einer Beschleunigung des Sterbeprozesses in der Endphase des Lebens führen kann. Die Symptomkontrolle geschieht generell in Übereinstimmung mit dem Patientenwillen. Die Beseitigung der Symptome steht dabei primär im Fokus unter der Inkaufnahme einer eventuellen Lebensverkürzung. Somit handelt es sich bei der terminalen Sedierung nicht um aktive Sterbehilfe, da die Medikation dem Leben dient und nicht dem Tod. (Sonderformen der terminalen Sedierung, die regelmäßig eine Beschleunigung des Todeseintrittes zur Folge haben, werden in Kap. 2. und 7. diskutiert). Terminale Sedierung ist aber immer unter ethischen Gesichtspunkten genau zu betrachten, um sie von der aktiven Sterbehilfe abzugrenzen. Statt terminaler Sedierung wird gelegentlich auch von finaler Sedierung oder palliativer Sedierung gesprochen.

Terminale Phase: Bezeichnung des letzten Lebensabschnitts eines unheilbar kranken Menschen, der durch den Prozess des Sterbens gekennzeichnet ist. – Während man unter der Terminalphase den Zeitraum von Wochen bis Monaten vor dem Tod versteht, beschreibt die **Finalphase** die letzten (drei) Tage im Leben eines Menschen.

Vorsorgevollmacht: Eine Person bevollmächtigt durch eine Willenserklärung eine andere Person, innerhalb einer Notfallsituation ausgewählte oder generalisierende Entscheidungen (rechtsgeschäftliche Vertretung) für den Vollmachtgeber zu treffen. Der Bevollmächtigte entscheidet an der Stelle des nicht (mehr) entscheidungsfähigen Vollmachtgebers und wird zum Vertreter in dessen Willen. Voraussetzung zur Erteilung einer Vollmacht sollte die persönliche Kenntnis und das uneingeschränkte persönliche Vertrauen in den Bevollmächtigten sein, sowie die Geschäftsfähigkeit bei der Beurkundung über den freien Willen des Vollmachtgebers.

Adress- und Kontaktdaten

Adressen der Hospizabteilungen in den
Wohlfahrtsverbänden

Diakonisches Werk der EKD in Berlin
Arbeitsfeld Hospiz und Palliative Care
Pfarrer Alexander Brodt-Zabka
Reichensteiner Weg 24
14195 Berlin
www.diakonie.de

Deutscher Caritasverband
Ambulante Gesundheitshilfe
Karlstr. 40
79104 Freiburg
www.caritas.de
Telefon: 0761-200-0

Malteser Hilfsdienst e.V.
Referat Malteser Hospizarbeit
Kalker Hauptstr. 22-24
51103 Köln
www.malteser.de
Telefon: 0221-9822-586
Telefax: 0221-9822-582

Deutsches Rotes Kreuz
Kreisverband Wedding / Prenzlauer Berg e.V.

Ambulantes Hospiz
Neue Hochstr. 21, 13347 Berlin
www.drk.de
Telefon: (030) 46 90 19-44
Telefax (030) 46 90 19-49

AWO Arbeiterwohlfahrt Bundesverband e.V.
Geschäftsstelle Berlin
Heinrich-Albertz-Haus
Blücherstr. 62-64
10961 Berlin
www.awo.org
Telefon: 030-26309-0
Telefax: 030-26309-32599

Adressen Allgemeiner Hospizverbände

Bildung & Beratung Bethel
Postadresse:
Postfach 130349
33546 Bielefeld
Geschäftsstelle:
Nazarethweg 4-7
33617 Bielefeld
www.bildung-beratung-bethel.de
Telefon: 0521-144-5770 oder 0521-144-6110
Telefax: 0521-144-6109

Bundesarbeitsgemeinschaft Hospiz e.V.
zur Förderung von ambulanten, teilstationären
und stationären Hospizen und Palliativmedizin
(BAG Hospiz)

Aachener Straße 5
10713 Berlin
www.hospiz.net
Telefon: 030-83223893
Telefax: 030-83223950

Bundesverband Verwaiste Eltern in Deutschland e.V.
Dieskaustraße 43, 04229 Leipzig
www.veid.de
Telefon: 0341-9468884
Telefax. 0341-9023490

Dachverband HOSPIZ Österreich (DVHÖ)
Müllnergasse 16
1090 Wien
Tel.: +43 (0)1 803 98 68
Fax : +43 (0)1 803 25 80
E-Mail: dachverband@hospiz.at
Internet: www.hospiz.at

Deutsche Gesellschaft für Palliativmedizin e.V.
Aachener Str.5
10713 Berlin
Telefon: 01805 / 22 14 01
eMail: dgp@dgpalliativmedizin.de
Internet: www.dgpalliativmedizin.de

Deutsche Gesellschaft zum Studium des Schmerzes e.V.
(DGSS)
DGSS-Geschäftsstelle
Obere Rheingasse 3
56154 Boppard
www.dgss.org

Telefon: 0 67 42-80 01-21
Telefax: 0 67 42-80 01-22

Deutsche Hospiz Stiftung
Europaplatz 7
44269 Dortmund
www.hospize.de
Telefon: 0231-73 80 73 -0
Telefax: 0231-73 80 73 –1

Deutsche Krebshilfe e.V.
Buschstr. 32
53113 Bonn
www.krebshilfe.de
Telefon: 02 28-7 29 90–0
Telefax: 02 28-7 29 90–11

Deutsches Institut für Palliative Care (DIfPC)
St. Gallener Weg 2
79189 Bad Krozingen
Tel.: 076 33 – 94 89 98 oder Tel.: 01 71 – 9 53 24 27
Fax: 076 33 – 94 89 97
E-Mail: info@difpc.de
Internet: www.difpc.de

**Deutsches Netzwerk zur Qualitätssicherung
in der Pflege
(DNQP)**
an der Fachhochschule Osnabrück
Caprivistraße 30a
49076 Osnabrück
Tel.: 05 41 – 969-2004
Fax: 05 41 – 969-2971

E-Mail: dnqp@fh-osnabrueck.de
Internet: www.dnqp.de

eigenes leben – Hilfen für Kinder mit Schmerzen oder lebensverkürzenden Erkrankungen e.V.
Wilma Henkel
Leiterin der Geschäftsstelle
c/o Vestische Kinderklinik Datteln
Dr.-Friedrich-Steiner-Str. 5
45711 Datteln
www.eigenes-leben-ev.de
Telefon:02363-975-180
Telefax: 02363-64211

ESSLINGER INITIATIVE
Vorsorgen – Selbst bestimmen e.V.
Rita Kren, 1. Vorsitzende
Hertfelder Straße 72, 73733 Esslingen
www.esslinger-initiative.de

European Association for Palliative Care (EAPC)
EAPC Head Office,
National Cancer Institute Milano
Via Venezian 1,
20133 Milano, ITALY
Tel.: +39 02 2390 3390
Fax: +39 02 2390 3393
E-Mail: amelia.giordano@istitutotumori.mi.it
Internet: www.eapcnet.org

HOSPIZ STUTTGART
Stafflenbergstraße 22

D-70184 Stuttgart
http://www.hospiz-stuttgart.de
Telefon: 0711-2 37 41 53
Telefax: 0711-2 37 41 54

IFF-Wien
Abteilung Palliative Care und OrganisationsEthik
Fakultät für Interdisziplinäre
Forschung und Fortbildung
(IFF)
der Alpen-Adria Universität Klagenfurt
Schottenfeldgasse 29/4/I
A-1070 Wien
Tel: +43 (0) 1 522 4000-101
Fax: +43 (0) 1 22 4000-178
E-mail: alexandra.trafoier@uni-klu.ac.at
Internet: www.iff.ac.at/pallorg

Institut für Gerontologische Forschung e.V.
Torstraße 178
10115 Berlin
www.igfberlin.de
Telefon:030-8 59 49 08
Telefax:030-8 59 49 36

Interdisziplinäres Zentrum für Palliativmedizin
Marchioninistrasse 15
81377 München
Tel. (089) 7095-4930
Fax: (089) 7095-4939
Funk: 124-2737
Rohrpost: 3612
infopall@med.uni-muenchen.de

AKADEMIE

Tel. (089) 7095-7930

Fax: (089) 7095-7939

christophorus-akademie@med.uni-muenchen.de

STATION

Tel. (089) 7095-4933

Fax: (089) 7095-4949

palliativstation@med.uni-muenchen.de

**Internationale Gesellschaft für
Sterbebegleitung und Lebensbeistand e.V. (IGSL)**

Postfach 1408

55384 Bingen

Geschäftsstelle:

Stefan-George-Straße 28a,

55411 Bingen.

www.igsl-hospiz.de

Telefon: 06721-10318 oder 06721-921161

Telefax: 06721-10381

Krebsschmerz Informationsdienst (KSID)

Krebsinformationsdienst KID

Deutsches Krebsforschungszentrum

Im Neuenheimer Feld 280

69120 Heidelberg

Tel.: 0800 – 420 30 40

Fax: 0 62 21 – 40 18 06

E-Mail: krebsinformationsdienst@dkfz.de

Internet: www.krebsinformation.de/ksid/

Österreichische Palliativgesellschaft (OPG)

Albrechtskreithgasse 19 – 21

A-1160 Wien

Tel./Fax: +43-1-804 22 21
E-Mail: opg-sek@palliativ.at
Internet: www.palliativ.at/

OMEGA e.V.
DPWV – Der Paritätische Wohlfahrtsverband
z.Hd. Frau Ingrid Bodden
Altenhöfener Str. 83
44623 Herne
www.omega-ev.de
Telefon: 02323-147783-12
Telefax: 02323-910444

Patienten im Wachkoma (PIW) e.V.
Am Heshan 4
51702 Bergneustadt
Tel: 02261/949444

Schädel-Hirnpatienten in Not e.V.
Bundesverband für Schädel-Hirnverletzte,
Patienten im Wachkoma „Appalisches
Durchgangssyndrom" und ihre Angehörigen
Bayreuther Str. 33
92224 Amberg
Tel: 09621/ 64 800

SCHMERZtherapeutisches Kolloquium e.V.
Blücherplatz 2
65195 Wiesbaden
Tel. 0611/ 94 50 455

Schweizerische Gesellschaft für Palliative Medizin,
Pflege und Begleitung (SGPMPB)

palliative ch
Seebahnstraße 231
8004 Zürich
Tel.: +41 (0) 44 240 16 21
Fax: +41 (0) 44 242 95 35
E-Mail: info@palliative.ch
Internet: www.palliative.ch/de/

Spitex Verband Graubünden
Geschäftsstelle:
Rätusstrasse 22
7000 Chur
Telefon: 0041-81 252 77 22
Telefax: 0041-81 250 01 64

Literatur

Achterberg, Jeanne (1991): Die Frau als Heilerin. Die schöpferische Rolle der heilkundigen Frau in Geschichte und Gegenwart. München: Scherz Verlag.

Ariès, Philippe (1980): Geschichte des Todes. München: Hanser Verlag.

Asch, D. A. (1996): The Role of Critical Care Nurses in Euthanasia and Assisted Suicide. In: New England Journal of Medicine (23.05.1996); Vol. 334/21, S. 1374-1379.

Becker, Ernest (1987): Die Überwindung der Todesfurcht – Dynamik des Todes. Berlin: Goldmann Verlag.

Beine, Karl-Heinz (2006): Tötungsserien in Krankenhäusern und Heimen – Morden gegen das Leiden. In: Deutsches Ärzteblatt, 104 (27.08.2007). S. A2328-2332.

Beine, Karl-Heinz (1998): Sehen, Hören, Schweigen. Patiententötungen und aktive Sterbehilfe. Freiburg: Lambertus Verlag.

Bibel (1965), nach der deutschen Übersetzung Dr. Martin Luthers. 1. Aufl. Altenburg: Evangelische Haupt-Bibelgesellschaft.

Bienstein, Christel/ Fröhlich, Andreas (Hrsg.) (1994): Bewusstlos. Eine Herausforderung für Angehörige, Pflegende und Ärzte. 2. Auflage. Düsseldorf: Verlag Selbstbestimmtes Leben.

Birbaumer, Niels (2005): Nur das Denken bleibt: Neuroethik des Eingeschlossen-Seins. In: Engels, Eve-Marie/ Hildt, Elisabeth (Hrsg.): Neurowissenschaften und Menschenbild. Paderborn: Mentis Verlag, S. 77 – 94.

Blinkert, Baldo/Klie, Thomas (2006): Pflegekulturelle Orientierungen. Die Annaberg-Unna-Studie, hekt. Manuskript.

Blinkert, Baldo (2005): Sterben in modernen Gesellschaften. In: Wege zum Menschen 57. Jg, H. o. A., S. 523-535.

Blinkert, Baldo/ Klie, Thomas (2004): Solidarität in Gefahr. Pflegebereitschaft und Pflegebedarfentwicklung im demografischen und sozialen Wandel – die „Kasseler Studie". Hannover: Vincentz Verlag.

Böttger-Kessler, Grit (2006): Aktive Sterbehilfe bei Wachkomapatienten. Die Einstellung von Ärzten und Pflegepersonen zur aktiven Sterbehilfe bei Menschen im Wachkoma. Frankfurt a. M.: Mabuse-Verlag.

Brecht, Bertold (1968): Das Lied von der Unzulänglichkeit menschlichen Strebens. In: ebd.: Die Dreigroschenoper. Frankfurt: Suhrkamp Verlag.

Bundesministerium für Familie, Senioren, Frauen und Jugend (Hrsg.)(2006): Familie zwischen Flexibilität und Verlässlichkeit. Perspektiven für eine lebenslaufbezogene Familienpolitik. Siebter Familienbericht. Stellungnahme der Bundesregierung zum Bericht der Sachverständigenkommission. Berlin

Buff, Wolfgang/ Gronemeyer, Reimer (1988): Hilfe um jeden Preis. In: Koch-Straube, Ursula (Hrsg.): Die Zukunft des Alters ist das Leben. Darmstadt: Meurer Verlag, S. 149-163.

Châtelet, Noëlle (2005): Die letzte Lektion. Köln: Verlag Kiepenheuer & Witsch.

Coppola, KM. et al. (2001): Accuracy of Primary Care and Hospital-based Physicians' Predictions of Elderly Outpatients' Treatment Preferences with and without Advance Directives. In: Archives of Internal Medicine 161 (2001) 3, S. 431 – 440.

Czypionka, Thomas et al. (2007): "Sterbekosten" in Österreich. In: Hauptverband der österreichischen Sozialversicherungsträger (Hrsg.): Beilage zur Fachzeitschrift Soziale Sicherheit. Health System Watch. S. 9-16.

Danis, M. et al. (1994): Stability of Choices about life-Sustaining Treatments. In: Annals of Internal Medicine 120 (1994), ed. 7, S. 567 – 573.

Dörner, Klaus (2007): Leben und Sterben, wo ich hingehöre. Dritter Sozialraum und neues Hilfesystem. Neumünster: Paranus Verlag.

Dörner, Klaus/ Plog, Ursula/ Teller, Christine (2004): Irren ist menschlich. Lehrbuch der Psychiatrie und Psychotherapie. 2. korr. Aufl. Bonn: Psychiatrie Verlag.

Dörner, Klaus (2002): Tödliches Mitleid. Zur sozialen Frage der Unerträglichkeit des Lebens. 4. Aufl. Neumünster: Paranus Verlag, Ed. Jakob van Hoddis.

Elias, Norbert (2002): Über die Einsamkeit der Sterbenden in unseren Tagen. Humana conditio. Frankfurt/Main: Suhrkamp Verlag.

Elias, Norbert (1969): Über den Prozess der Zivilisation: soziogenetische und psychogenetische Untersuchungen. Band 2. Wandlungen der Gesellschaft: Entwurf zu einer Theorie der Zivilisation, 2., um eine Einl. Verm. Aufl. Bern: Francke Verlag.

Emanuel, L.L. (1991): Advance Directives for Medical Care; Reply. In: New England Journal of Medicine 325, S.1256.

Enquete-Kommission »Zukunft des bürgerschaftlichen Engagements«, Deutscher Bundestag (2002) : Bericht »Bürgerschaftliches Engagement: Auf dem Weg in eine zukunftsfähige Bürgergesellschaft«. Opladen: Leske/Budrich.

Enquete Kommission Ethik und Recht der modernen Medizin (2004): Zwischenbericht vom 13.09.2004. Patientenautonomie am Lebensende. Ethische, rechtliche und medizinische Aspekte zur Bewertung von Patientenverfügungen. Bericht der Arbeitsgruppe „Patientenautonomie am Lebensende" vom 10. Juni 2004. Bundesdrucksache 15/3700. http://www.bmj.bund.de/media/archive/695.pdf [Stand: 06.09.2007].

Evangelische Kirche in Deutschland (2007): Eckpunkte des Rates der Evangelischen Kirche in Deutschland für eine gesetzliche Regelung von Patientenverfügungen vom 22.06.2007. http://www.ekd.de/download/070706_eckpunkte_patienten verfuegung.pdf [Stand: 06.09.2007].

Fagerlin, Angela/Schneider, Carl E. (2004): Enough – The Failure of the Living Will. In: Hastings Center Report 34, 2/2004, S. 30 – 42.

Feyerabend, Erika (2000): Sterben heute. Verrechtlich, Kalkuliert, Vernünftig In: Mürner, Christian/Schmitz, Adelheid/ Sierck, Udo (Hrsg.): Schöne, heile Welt?. Biomedizin und Normierung des Menschen. Hamburg: Verlag Assoziation a. S. 159-173.

Fischle-Brendel, Simone et al. (2005): Zwei Jahre Ambulante Hospizschwestern im Hospiz Stuttgart – Ein Rechenschaftsbericht. Stuttgart: Hospiz Stuttgart.

Freudenreich, Josef-Otto (2006): Das kurze Leben der Stuttgarterin Ingeborg Klein. In: Stuttgarter Zeitung vom 19.07. 2006, S. 3.

Ganzini, Linda, et al. (2002): Experiences of Oregon Nurses and Social Workers with Hospice Patients who Request Assisted Suicide. In: New England Journal of Medicine 347 (2002), S. 582 – 588.

Gensicke, Thomas/ Picot, Sybille/ Geiss, Sabine (2005): Freiwilliges Engagement in Deutschland 1999 – 2004. Ergebnisse der repräsentativen Trenderhebung zu Ehrenamt, Freiwilligenarbeit und bürgerschaftlichem Engagement. Durchgeführt im Auftrag des Bundesministeriums für Familie, Senioren, Frauen und Jugend. München. Download auf der Website www.bmfsfj.de.

Gordijn, Bert (1998): Die derzeitige Euthanasiedebatte in den Niederlanden. In: Aulbert, Eberhard/ Klaschik, Eberhard/ Pichlmaier, Heinz (Hrsg.): Beiträge zur Palliativmedizin, Band 2, Palliativmedizin, Die Alternative zur Sterbehilfe. Stuttgart: Schattauer Verlag. S. 9-22.

Gronemeyer, Reimer/ Klie, Thomas (2005): Koproduktion als tragfähiges Paradigma für die Begleitung von Menschen mit Demenz unveröffentlichtes Manuskript. Gießen/ Freiburg i. Br.

Hardenberg, Nina von (2007): Grüne Giftmaschine, Selbstmord-Apparat provoziert Diskussion über Sterbehilfe. In: Süddeutsche Zeitung. 07.09.2007, 63. Jahrgang, Nr. 206, S. 1.

Hausmann, Julie (1862): „So nimm denn meine Hände" In: Maiblumen. Lieder einer Stillen im Lande, 2 Bände.

Heimerl, Katharina/ Heller, Andreas (Hrsg.) (2001): Eine große Vision in kleine Schritten. Aus Modellen der Hospiz- und Palliativbetreuung lernen. Freiburg i.B.: Lambertus Verlag.

Heilbronn Landratsamt (Hrsg.) (2006): Regionaler Qualitätssicherungsverbund stationärer Pflegeeinrichtungen im Landkreis Heilbronn – Jahresbericht 2005/2006. www.qsv-pflegeheime.de

Hesse, Herrmann (2000): Eigensinn macht Spaß. Individuation und Anpassung. 11. Aufl. Frankfurt/Main: Suhrkamp Verlag.

Höfling, Wolfram/ Schäfer, Anne (2006): Leben und Sterben in Richterhand. Ergebnisse einer bundesweiten Richterbefragung zu Patientenverfügung und Sterbehilfe. Tübingen: Mohr Siebeck Verlag.

Hufschmidt, Andreas, Lücking, Carl H. (2006): Neurologie compact. Leitlinien für Klinik und Praxis. 4., aktualis. u. erw. Aufl., Stuttgart: Thieme Verlag.

Husebø, Stein/ Klaschik, Eberhard (2006): Palliativmedizin. Grundlagen und Praxis. Schmerztherapie, Gesprächsführung, Ethik. 4. Aufl. Berlin: Springer Verlag.

Imhof, Arthur, E. (1981) Die gewonnen Jahre. Von der Zunahme unserer Lebensspanne seit dreihundert Jahren oder der Notwendigkeit einer neuen Einstellung zu Leben und Sterben. München: Beck Verlag.

Jochemsen, Henk (2007): Sterbehilfe und Palliativpflege in den Niederlanden. In: Göring-Eckardt, Katrin (Hrsg.): Würdig leben bis zuletzt. Sterbehilfe – Hilfe beim Sterben – Sterbebegleitung – Eine Streitschrift. Güterloh: Gütersloher Verlagshaus, Seite 87 – 98.

Jochemsen, Henk (2004): Sterbehilfe in den Niederlanden. In: Beckmann, Rainer / Löhr, Mechthild / Schätzle, Julia (Hrsg.): Sterben in Würde. Beiträge zur Debatte über Sterbehilfe, Krefeld: Sinus-Verlag.

Kamann, Matthias: (2006): Sterben privat. In: Die Welt. Magazin, 23.11.2006, Berlin: Axel Springer Verlag. S. 10.

Kief, Michael (2007): Wie wach ist ein Mensch im „Wachkoma"? Lebensalltag nach schweren Schädel-Hirn-Verletzungen. In: Napiwotzky, Annedore/ Student, Johann-Christoph (Hrsg.): Was braucht der Mensch am Lebensende? Ethisches Handeln und medizinische Machbarkeit. Mit einem Geleitwort von Liliane Juchli. Stuttgart: Kreuz Verlag, S. 117 – 121.

Kisker, Karl P./ Lauter, Hans/ Meyer, Joachim E. (1986): Kriseninterventi on, Suizid, Konsiliarpsychiatrie, Band 2. In: ebd.: Psychiatrie der Gegenwart, 2 bändige Ausgabe. Heidelberg: Springer Verlag.

Klie, Thomas (2007): Entscheidungen am Lebensende – ethische und rechtliche Dilemmata. In: Napiwotzky, Annedore Napiwotzky/ Student, Johann-Christoph (Hrsg.): Was braucht der Mensch am Lebensende? – Ethisches Handeln und medizinische Machbarkeit. Mit einem Geleitwort von Liliane Juchli. Stuttgart: Kreuz Verlag. S. 31 – 44.

Klie, Thomas (2005): Würdekonzept für Menschen mit Behinderung und Pflegebedarf, Balancen zwischen Autonomie und Sorgekultur. In: Zeitschrift für Gerontologie und Geriatrie. Volume 38, Number 4, August 2005. Darmstadt: Steinkopff-Verlag. S. 268-272.

Klie, Thomas (2003): Den guten Geist des Großvaters einatmen. Heime für Aborigines in Australien. In: Dr. med. Mabuse, 28. Jg., 3-4/2003, S. 55-58. Mabuse-Verlag Frankfurt a. M.

Klie, Thomas (1999): Hospizarbeit im Finanzierungsmix – Sozialrechtliche Grundlagen der Finanzierung der ambulanten und stationären Hospizarbeit. In: Student, Johann-Christoph (Hrsg.): Das Hospiz – Buch. Freiburg: Lambertus Verlag. S. 204-228.

Klie, Thomas, et al. (2005): Konzeptionelle und rechtliche Varianten der Versorgung von Menschen mit Demenz zwischen ambulant und stationär. In: Zeitschrift für Gerontologie und Geriatrie. Volume 38, Number 2, April 2005. Darmstadt: Steinkopff-Verlag. S. 122-127.

Klie, Thomas/ Bauer, Axel (2005): Bad Homburger Charta zu Patientenverfügungen. In: Zeitschrift Betreuungsmanagement, 1. 2005, S. 37.

Klie, Thomas / Ross, Paul-Stefan (2005): Wie viel Bürger darf's denn sein!? Bürgerschaftliches Engagement im Wohlfahrtsmix – eine Standortbestimmung in acht Thesen. In: Archiv für Wissenschaft und Praxis der sozialen Arbeit. 36. Jg., 04/2005. Frankfurt a. M.

Klie, Thomas/ Spatz, Judith (2005): Autonomie am Lebensende. Die Wirklichkeit von Behandlungsabbrüchen im klinischen Alltag, In: Dr. med. Mabuse 155, Mai/Juni 2005.

Klie, Thomas/ Lipp, Judith (2005): Autonomie am Lebensende. Die Wirklichkeit von Behandlungsabbrüchen im klinischen Alltag. Betreuungsmanagement. 1. Jahrgang, 3/2005, S.132 –135.

Klie, Thomas/ Student, Johann-Christoph (2001): Die Patientenverfügung – was Sie tun können, um richtig vorzusorgen. Freiburg i. Br.: Herder Verlag.

Klie, Thomas/ Scholz-Weinrich, Gabriele (Hrsg.) (1991): Wider den Pflegefall. Dokumentation einer Kampagne. Köln: Kuratorium Deutsche Altenhilfe.

Kotchoubey, Boris, et al. (2005): Information Processing in Severe Disorders of Conciousness: Vegetative State and Minimally Conscious State. Clinical Neurophysiology, (10.10. 2005), Vol. 116, Issue 10, S. 2441 – 2453 .

Kraume, Konstanze (2004): „Healing Touch". Unveröffentlichte Abschlussarbeit im Rahmen von Palliative Care. Kontaktstudiengang V- 2004 an der Elisabeth-Kübler-Ross-Akademie für Bildung und Forschung im Hospiz Stuttgart.

Kruse, Andreas (2006): Das Verhältnis Sterbender zu ihrer eigenen Endlichkeit. In: Nationaler Ethikrat (Hrsg.): Wie wir sterben. Selbstbestimmung am Lebensende : Tagungsdokumentationen. Tagungen des Nationalen Ethikrates in Augsburg und Münster: Berlin. S. 43-54.

Kübler, A. et al. (2005): Severity of depressive Symptoms and Quality of life in Patients with amyotrophic lateral sclerosis. In: Neurorehabilitation and Neural Repair 19, 3/2005. S. 182-193.

Kuhse, Helga/ Singer, Peter (1993): Voluntary Euthanasie and the Nurse: An Australien Survey. In: International Journal of Nursing Studies (08/2003), 30, (4). S. 311-322.

Lambert Gedicke (1683-1735) "Lied von der christlichen Gelassenheit", Gedicht über Psalm 31, 4.

Ledoux, D. et al. (2007): Abstract 0186 – Transitory Vegetative State at the Intensive Care Unit: Does it Exist? 17. Meeting of the European Neurological Society, 16.06-20.06.2007, Rhodos, Griechenland.

Link, Oliver/ Oertzen, Andreas (2006): Lasst uns sterben. In: Stern: In Würde sterben. Nr. 48 (23.11.2006). Hamburg: Gruner und Jahr Verlag. S. 28-40.

Maisch, Herbert (1997): Patiententötungen. Dem Sterben nachgeholfen. München: Kindler Verlag.

Marquet, R.L. et al. (2003): Twenty five Years of Request for Euthanasia and Physician Assisted Suicide in Dutch general Practice: Trend Analysis. In: British Medical Journal 327 (26. 07. 2003), S. 201 – 202.

Müller-Busch, H.Christof/ Andres, Inge/ Jehser, Thomas (2003): Sedation in Palliative Care – a Critical Analysis of 7 Years Experience. BMC Palliative Care (13.05.2003), 2:2 (http://www.biomedcentral.com/1472-684X/2/2) [Stand: 06.09.2007].

Nassehi, Armin (2004a). Formen der Vergesellschaftung des Sterbeprozesses. In: Nationaler Ethikrat (Hrsg.): Niederschrift der öffentlichen Tagung zum Thema „Wie wir sterben" am 31. März 2004 in Augsburg. S. 32-35.

Nassehi, Armin (2004b): Worüber man nicht sprechen kann, darüber muss man schweigen. Die Geschwätzigkeit des Todes in unserer Zeit. In: Liessmann, Konrad Paul (Hrsg.): Ruhm, Tod und Unsterblichkeit. Über den Umgang mit der Endlichkeit. Wien: Zolnay Verlag. S. 118-145.

Nittka, Dorothee (2004): Palliative Care-Aufgaben als ambulante Hospizschwester im Hospiz Stuttgart. Unveröffentlichte Abschlussarbeit im Palliative Care Kontaktstudiengang V-2004 an der Elisabeth-Kübler-Ross-Akademie für Bildung und Forschung im Hospiz Stuttgart

Noll, Peter/ Frisch, Max (2005): Diktate über Sterben & Tod. Mit der Totenrede von Max Frisch, Unveränd. Aufl. München, Zürich: Pendo Verlag.

Ochsmann, Randolph (1993): Angst vor Tod und Sterben. Beiträge zur Thanato Psychologie. Göttingen: Hogrefe Verlag f. Psychologie.

Owen, A.M. et al. (2006): Detecting Awareness in the Vegetative State. In: Science (08.09.2006), Vol. 313, No. 5792, S. 1402.

Pleschberger, Sabine (2005): Nur nicht zur Last fallen. Sterben in Würde aus der Sicht alter Menschen in Pflegeheimen. Freiburg i.Br.: Lambertus Verlag.

Prange, Hilmar/ Bitsch, Andrea (Hrsg.)(2004): Neurologische Intensivmedizin. Stuttgart: Thieme Verlag.

Putz, Wolfgang/ Steldinger, Beate (2007): Patientenrecht am Ende des Lebens. Vorsorgevollmacht, Patientenverfügung, Selbstbestimmtes Sterben. 3., aktualis. Aufl. München: Beck Juristischer Verlag.

Raitano, Michele (2006): The Impact of Death-Related Costs on Health Expenditure: A Survey, ENEPRI Research Report, Part of the AHEAD Project – Ageing, Health Status and the Determinants of Health Expenditure, European Commission, 6th Research Framework Programme.

Rietjens, J.A.C., et al. (2004): Physician Reports of Terminal Sedation without Hydration or Nutrition for Patients Nearing Death in the Netherlands. In: Annals of Internal Medicine, 141, 141, S. 178-185.

Rippegather, Jutta (2007): „Ein schmaler Grat". Demenzkranke stirbt an Mangelernährung/ Konfliktfall Patientenverfügung. In: Frankfurter Rundschau. 08.09.2007, 63. Jahrgang, Nr. 209. S. D6.

Rosenow, Roland (2005): Das Subjekt der Autonomie. In: C. F. Müller Verlag (Hrsg.): Betreuungsmanagement 3/2005. 1. Jahrgang, Heidelberg: C. F. Müller Verlag, S. 141-142.

Sahm, Stephan (2006): Sterbebegleitung und Patientenverfügung. Ärztliches Handeln an den Grenzen von Ethik und Recht. Frankfurt a. M.: Campus Verlag.

Schacke, Claudia/ Zank, Susanne (1998): Zur familiären Pflege demenzkranker Menschen: Die differenzielle Bedeutung spezifischer Belastungsdimensionen für das Wohlbefinden der Pflegenden und die Stabilität der häuslichen Pflegesituation. In: Zeitschrift für Gerontologie und Geriatrie. Volume 31, Number 5, Oktober 1998. Darmstadt: Steinkopff Verlag, S. 355-361.

Schnakers, C. et al. (2007): Abstract P269 – Misdiagnosis of the Vegetative and Minimally Conscious State. 17. Meeting of the European Neurological Society, 16.06-20.06.2007, Rhodos Griechenland.

Schneider, Susanne (2006): Hurra, ich lebe noch. In: Süddeutsche Zeitung Magazin, Nummer 51, 22. Dezember 2006, S. 8-17.

Schrepfer, Gertrud (2007): Wie bekommen wir Kontakt zu Menschen im Wachkoma? – Ein Erfahrungsbericht. In: Napiwotzky, Annedore/ Student, Johann-Christoph.: Was braucht der Mensch am Lebensende? Ethisches Handeln und medizinische Machbarkeit. Mit einem Geleitwort von Liliane Juchli. Stuttgart: Kreuz Verlag, S. 77- 83.

Schröder, Christina/ Schmutzer, Gabriele/ Brähler, Elmar (2002): Repräsentativbefragung der deutschen Bevölkerung zu Aufklärungswunsch und Patientenverfügung bei unheilbarer Krankheit. In: Psychotherapie, Psychosomatik, Medizinische Psychologie (2002), 52, S. 236-243.

Sheldon, Tony (2004): Dutch Doctors Call for New Approach to Reporting "Mercy Killings". In: British Medical Journal (11.09.2004), 329, S. 591.

Sheldon, Tony (2004): Dutch Doctors Choose Sedation Rather than Euthanasia. In: British Medical Journal (14.08. 2004), 329, S. 368.

Simon, Alfred et al. (2007): Attitudes Towards Terminal Sedation: an Empirical Survey Among Experts in the Field of Medical Ethics. BMC Palliative Care 2007, 6:4 (http://www.biomedcentral.com/1472-684X/6/4) [Stand: 06.09.2007].

Simon, Elke (2007): Euthanasie-Debatte an ausgewählten Beispielen im europäischen Vergleich. In: Knipping, Cornelia (Hrsg.): Lehrbuch Palliative Care. 2., durchges. und korrig. Aufl. Bern: Verlag Hans Huber, S. 564-575.

Slevin, M.L. et al. (1990): Attitudes to Chemotherapy: Comparing Views of Patients With Cancer With Those of Doctors, Nurses, and General Public. In: British Medical Journal, 300, S. 1458 – 1460.

Steinbach, Anita/ Donis, Johann (2004): Langzeitbetreuung Wachkoma. Eine Herausforderung für Betreuende und Angehörige. Wien: Springer Verlag.

Steiner-Hummel, Irene (1994): Gepflegte Geschichten. Pflegende Angehörige erzählen. Frickenhausen: Sindlinger – Burchartz Verlag.

Stevens, C.A./ Hassan, R. (1994): Nurses and the Management of Death, Dying and Euthanasia. In: Medicine and Law (1994), 13, No 5/6. S. 541-554.

Student, Johann-Christoph/ Klie, Thomas (2007): Freiburger Appell: Care Patientenverfügung.
(http://www.christoph-student.hompage.t-online/42853.ntml)
[Stand: 01.05.2007].

Student, Johann-Christoph/ Mühlum, Albert/ Student, Ute (2007): Soziale Arbeit in Hospiz und Palliative Care. 2., überarb. Aufl., München: Ernst Reinhardt UTB.

Student, Johann-Christoph/ Napiwotzky, Annedore (2007): Palliative Care – wahrnehmen, verstehen, schützen. Stuttgart: Thieme Verlag.

Student, Johann-Christoph (2004): Wie nützlich sind Patientenverfügungen? Zur aktuellen Diskussion um die Patientenautonomie. In: Zeitschrift für Lebensrecht, Band 13, Heft 4/ 2004. S. 94 – 100.

Student, Johann-Christoph (Hrsg.) (1999): Das Hospiz-Buch. Freiburg i.B.: Lambertus-Verlag.

Tausch-Flammer, Daniela/ Bickel, Lis (1994): Die letzten Wochen und Tage. Eine Hilfe zur Begleitung in der Zeit des Sterbens. Veröffentlicht von Diakonisches Werk der EKD und Krebsverband Baden-Württemberg. Kostenlos erhältlich beim Krebsverband Baden-Württemberg e.V. Adalbert-Stifter-Straße 105, 70437 Stuttgart, Tel.: (0711) 848-10770, E-Mail:
info@krebsverband-bw.de

Vries, Bodo de (1996): Suizidales Verhalten alter Menschen. Studien zur Gerontologie – Band 3. Hamburg: Dr. Kovac Verlag.

Waller, Friederike (2006): Alles ist nur Übergang. Lyrik und Prosa über Sterben und Tod. 2., erw. Auflage, Tübingen: Verlag Klöpfer und Meyer.

Wallis, Velma (1993): Zwei alte Frauen – Eine Legende von Verrat und Tapferkeit, Deutschsprachige Ausgabe, 35. Auflage: 2003, München: Wilhelm Heyne Verlag.

Wanschura, Werner (1996): Töten dürfen. Das Ende in unserer Hand: die Ära der Sterbehilfe. Wien-Klosterneuburg: EDITION VA BENE 5.

Watzlawick, Paul/ Weakland, John H./ Fisch, Richard (1979): Lösungen. Zur Theorie und Praxis menschlichen Wandels. Bern: Hans Huber Verlag.

Wehkamp, Karl-Heinz (1998): Therapieverzicht – Dilemmata ärztlichen Entscheidens. In: Illhardt u.a. Sterbehilfe – Handeln oder Unterlassen. Stuttgart: Schattauer Verlag. S. 25-33.

Wehkamp, Karl-Heinz (2001): Gruppe Ethik-21. Das Alter-kriterium beim Therapieverzicht – Empirie, Theorie und Ethik. http://www.ethik-21-medizin.de/wehkamp2.ht [Stand 12.11.2003].

Wolfensberger, Wolf (1996): Der neue Genozid an den Benachteiligten, Alten und Behinderten. 2. Aufl., Gütersloh: Jakob von Hoddis Verlag.

Wojnar, Jan (2006): Verwirrtheit, Demenz. In: Student, Johann-Christoph (Hrsg.): Sterben Tod und Trauer. Freiburg: Herder Verlag, S. 242 – 249.

World Health Organization (2002): National Cancer Control Programmes. Policies and managerial guidelines. 2nd edition.
http://www.who.int/cancer/media/en/408.pdf
[Stand: 06.09.2007].

Zentralkomitee der deutschen Katholiken (2006): Zur rechtlichen Verbindlichkeit von Patientenverfügungen – Kernforderungen zur anstehenden Neuregelung der Patientenverfügung im deutschen Betreuungsrecht. 30.06.2006. Bonn: ZdK.
http://www.zdk.de/data/erklaerungen/pdf/Patientenverfuegung_ZdK_2006_Juli_1154953333.pdf
[Stand: 09.09.2007].

Zieger, Andreas (2006a): Informationen und Hinweise für Angehörige von Schädel-Hirn-Verletzten und Menschen im Koma und Wachkoma (sog. apallisches Syndrom). 10. Aufl., Oldenburg: Eigenverlag.

Zieger, Andreas (2006b): Koma, Wachkoma. In: Student, Johann-Christoph (Hrsg.): Sterben Tod und Trauer. Freiburg: Herder Verlag, S. 126-129.

Zieger, Andreas (2003): Komastimulationstherapie – was ist gesichert? Neurologie & Neurologische Rehabilitation, 9 (2003) 1, S. 42 – 45.

Internetverweise:

BELA – Bürgerengagement für Lebensqualität im Alter. www.bela-bw.de [Stand: 15.08.2007] Projektträger: Sozialministerium Baden-Württemberg, Gefördert durch: Landesstiftung Baden-Württemberg GmbH